미완의 기도

미완의 기도

초판 인쇄 2000년 10월 16일
초판 발행 2000년 10월 20일

지은이 문정희
펴낸이 김성달
펴낸곳 새미
등록일 1994. 3. 10. 제17-271호

주 소 서울시 강동구 암사 4동 452-20 럭키빌딩 3층(134-054)
전화 : 442-4626(대), 442-4623~4, 팩스 : 442-4625
www.kookhak.co.kr

ISBN 89-89352-03-7 03810, 가격 9,000원

문정희 산문집

미완의 기도

새미

책머리에

강물은 흐른다.

우리는 언제나 새로운 강물과 만나게 된다. 어제의 강물과 오늘의 강물이, 아침의 강물과 저녁의 강물이 다르다.

이제 가을에 다다르니 나의 서울 살이는 19년이 되어간다.

진통하던 시대인 80년대로 접어든 이듬해에 나는 혼자서 서울로 향하는 이삿짐 트럭을 타고 이곳 서울에 왔다. 늦가을 10월의 날씨는 맑았으나 몹시 추웠다. 다음날 새벽녘 어렴풋이 들리는 기척에 잠이 깨었을 때였다. 창 밖에는 하얀 눈이 펄펄 날리고 있었다. 10월인데 눈이라니.

아차산 발치에 짐을 풀었다. 그때 남편은 산 중턱에 있는 장로회신학대학원에 다니고 있었다. 남편은 아침 일찍 일어나 새벽기도회를 마친 후 약수터에 올라가 약수 한 잔을 마시고 산을 내려오며 밤을 몇 알씩 주워오곤 하였다. 밤사이 떨어진 밤을 주우면서 이곳이 바로 유배지라는 생각을 한다고 했다.

강물은 흐른다. 역사도 흐른다.

흐르는 강물은 순응하는 자만 안온하게 태우고 떠난다. 그러나

어떤 이들은 거센 물살에 부서지기도 한다. 그 즈음 나는 심령이 가난하여 자주 몸이 아팠고 외로움에 울었고 두려움에 떨었다. 할 수만 있다면 조용하게 살고 싶었다.

어둠에 갇혔던 강물의 장막이 걷히기 시작하던 80년대 말 남편은 원래의 자리로 돌아갈 수가 있었다. 지난 세월 굽이쳐 흐르던 강물은 이제는 유유히 흘러가는 듯했다. 문득, 나는 지금 잘 살고 있는 것인가라는 의문이 생겨나기 시작했다. 앞만 바라보던 나는 비로소 지나온 삶을 살펴보게 되었다.

어려운 시절 나에게 포근한 마음들을 주었던 이들과, 함께 고통을 당하던 이들을 기억하며 글을 쓰기 시작했다. 나 자신이 살아갈 수 있는 힘을 얻고 남에게도 포근함으로 다가설 수 있는 글을 쓰고 싶었다. 참으로 어려운 일인 것을…….

어렵고 힘든 고난의 세월들을 함께 잘 견뎌온 나의 세 아이들(은하, 덕송, 영하)에게 한없이 고맙게 생각한다.

결혼 30주년을 기해, 그 동안 여러 문학지에 발표했던 글들을 묶어 책을 내주겠다는 남편의 말에 응하기는 했지만, 세상 속으로 나간다고 생각하니 참으로 부끄럽기도 하고 불안하고 두려운 마음뿐이다. 외롭게 어려움에 처했을 때에 위로와 힘을 주신 하나님께 감사드릴 뿐이다.

2000년 10월, 광나루에서
문 정 희

차 례

제1부 아름다움과 향기 / 9

제2부 바람 부는 날 / 55

제3부 뿌리 깊은 나무 / 105

제4부 단편소설 • 하얀 십자가 / 159

제1부

아름다움과 향기

대 지

스치는 바람결에 낙엽이 스르르 떨어진다. 노랗고 빨갛게 변해버린 이파리들이 이리저리 굴러다니고 있다. 나는 가던 길을 멈추고 그 모습을 바라본다. 한없이 푸르고 윤기 흐르던 잎새들이 이제는 다 말라버린 낙엽이 되어 바람결에 날려가고 있다. 싱싱하고 푸르던 풀과 검푸른 숲, 화려하고 강인한 모습으로 신록을 자랑하던 나무들이 이제 발가벗은 나목이 되어 내 눈앞에 서 있다. 별안간 허망하다는 생각이 든다. 텅 빈 뜨락을 돌아볼 때 스며들던 스산한 바람결의 감촉을 느끼며 옷깃을 여민다.

나는 가을걷이가 끝나버린 허허벌판에 홀로 서 있을 때 느끼던 그 차가운 바람의 감촉을 잊을 수가 없다. 어느 때였던가 기억이 정확하지는 않지만 아마도 내가 막 중학생이 되던 해의 가을철이었던 듯싶다. 중학생이 되어 고향집을 떠나 K시에 나가 있었을 때 하도 고향이 그리워 향수병에 시달리며 그렇게도 가보고 싶어했던 그 들녘이었다. 그러나 정작 찾은 텅 빈 들판에는 아무 것도 없었다. 차가운 바람만 나를 맞이해 주었다.

나는 그때 그곳에서, 대지는 농부들의 앗아감을 못마땅하게 여겨 그 농부들을 원망하며 슬퍼하리라는 생각을 했었다. 그리고 대지의 그 원망스런 마음이 바로 이 텅빈 내 마음과 같으리라고 느꼈었다. 대지는 봄, 여름 동안에 자신을 기대어 길러낸 모든 알곡들을 거두어 갖고서 떠나가 버린 농부들에 대하여 자기의 모두를 빼앗아가 버렸다고 분통히 여겼을 것이 아니겠는가.

항상 나를 반겨 맞이해 주시던 어머니는 내가 어렵사리 찾은 그곳에 결코 계시지 않았다. 어렸을 적에 나는 매일 그 곳에 가곤 했었다. 같은 또래의 아이들과 어울려 소꿉장난을 하거나 공기놀이를 하다가 같이 놀던 아이가 그만 집에 가서 집안 일을 도와야 한다고 떠나가거나, 또는 등에 업힌 동생에게 젖을 먹이러 밭에 계시는 자기 어머니에게 가봐야 한다며 떠나버려 나 홀로 있게 되었을 때, 나는 으레 그 들녘을 찾아가곤 하였다. 그리고 집안일을 하느라 바쁜 언니를 졸졸 따라다니며, 나와 함께 놀아주지 않는다고 칭얼대다가 언니에게 야단을 맞게 되었을 때, 나는 또한 그 들녘을 향하여 갔었다.

그 곳에는 언제나 어머니가 계셨다. 훌쩍거리는 나에게 어머니는 아무 말 없이 무명 치마폭의 끝 부분을 뒤집어 내 눈물을 닦아주고는 , 빙그레 웃으시면서 내 등을 다독거려 주었다. 어머니는 땀이 잔뜩 배인 치마말 속이나 바구니 속에서 노랗게 익어 윤기가 흐르는 먹음직스런 밭딸기 몇 개를 내밀며 먹으라고 하셨다. 아직은 해가 덜 저물었으니 집에 먼저 들어가라며 그때까지도 채 여물지 않은 감자 몇 알을 캐어 주거나 옥수수 몇 자루를 꺾어 주며 언니에게 쪄달래서 먹으라고 하시곤 했다. 그러시던 어머니는 내가 중학생이 되어 고향집을 떠난 다음날인 입학식 날 돌아가셨다.

K시에 있을 때엔 그 들녘에 가기만 하면 어머니가 나를 반기시리라 생각했었다. 헌데 그날 이후로 나는 그 들판에 홀로 서 있을 수 없었다. 그러나 그 후 나는 항상 빈 들판에 홀로 서 있는 듯한 차가운 바람의 감촉을 느끼며 살아왔다.

그러한 나에게 책은 오로지 내 길잡이가 되었고, 독서는 또한 나의 텅 빈 가슴을 점점 채워주기 시작하였다. 전쟁으로 인하여 폐허가 되어버린 고향 타라의 농장으로 돌아와서 저무는 해를 바라보며, 검붉은 타라의 흙과 함께 살아가겠다고 다짐하는 스칼렛이 나의 빈 마음을 채워주고, 대지와 함께 살다가 일시 그 대지를 떠났던 남편 왕룽을 다시 그 잃었던 대지의 품으로 돌아오게 한 여인 오란이 또한 나를 채워 주었다.'책'이라는 나의 길잡이는 점점 더 내 인생에 있어 그 역할이 늘어갔고, 독서 때문인지 나는 어느새 찬 바람결도 그리 느끼지 못하며 지낼 수 있게 되었다.

그러다가 30여 년이나 지난 여름날 아침이었던가, 내 아이들이 무거운 책가방들을 메고 모두 집을 나선 뒤, 마치 빈 둥지가 되어버린 것 같은 내 집안에서 바로 옛 고향의 빈 들판에 홀로 서 있었을 때 느끼던 그 차가움을 나는 다시 맛보게 되었다.

옛날과 다른 점이 있다면 대지에 대한 나의 느낌뿐이었다고나 할까. 대지는 농부들의 앗아감에 대하여 옛날에 내가 생각했듯이 그렇게 원망하거나 슬퍼하지는 결코 않으리라는 생각과 함께, 대지는 농부들에게 제 스스로도 알곡들을 즐거이 베풀어 주었으리라는 생각이 들게 되었다. 대지는 어머니의 품속과 같다는 것을 늦게야 깨달았던 것이다. 그후 나는 낙엽을 떨어뜨리는 그 차가운 바람을 좋아하게 되었다. 그 바람은 내 마음속에 타오르는 욕망의 불꽃을 조용하고 시원하게 잠재워주곤 하였다. 그 곳에서 나는 빈 마음이 될 수가 있었다.

지금 나는 여름동안 무성하였던 푸른 옷의 날개를 벗어버린 나목을 바라보고 서 있다. 내 삶의 푸르른 잎새들이 노란 낙엽이 되어 떨어지는 이름 없는 나뭇잎이 되어버린 것 같다는 생각에 나는 잠긴다. 그 누구라도 언젠가는, 어느 가을날 저무는 저녁노을 빛과도 같이 노란 빛깔을 거쳐 회색빛으로 스러져 가지 않으면 안 되리라.

봄, 여름 내내 물과 양분으로 자신이 가꾸었던 잎새들이지만 이제는 쉴 때가 되어 다시 자기에게로 떨어지는 낙엽들을 받아들이면서 조용히 숨쉬기를 멈추지 않는 대지의 모습을 바라보며, 나는 언젠가 우리에게도 찾아올 자연에의 귀의를 기꺼이 받아들일 수 있으리라는 믿음을 지니게 되었다. 생생하던 푸른 잎새가 이제는 노란 잎새로 되어버리고 어쩔 수 없이 떨어뜨리기는 하나, 앞으로 얼마 남지 않은 기간 동안 더욱 잘 익은 열매를 맺게 하며, 또한 돌아오는 추위에도 견딜 수 있게 하기 위하여 힘써 준비하는 대지와 나무들의 바쁜 모습을 나는 볼 수 있었다.

이제 나는, 이 가을날 저녁 노을이 붉게 물드는 것을 보며 곧 어두움이 다가오리라는 상념에 젖는다. 그러나 내일 다시 그 따뜻하고 밝은 태양은 저 대지 위로 힘차게 솟아오르지 않겠는가.

<계간 『한겨레문학』 제3호('94. 여름)>

할머니의 길

내가 결혼을 하여 시집에서 살게 되었을 때, 거기엔 고희를 앞둔 시할머니, 시부모, 장남인 남편과 나, 그리고 네 남매의 시동생들이 함께 있어서 우리는 아홉이나 되는 대가족이 어울려 살아야 했다. 그 중에서도 연로하셨던 시할머니는 나에게 특별한 모습으로 기억 속에 남아 있다.

할머니는 건강한 몸이 아니셨다. 교통사고의 후유증으로 고생하다가 고혈압까지 겹쳐, 한쪽 팔과 다리를 자유로이 움직일 수가 없어서 절룩거리며 걸어다니곤 하셨다. 할머니는 작은 키에 결코 고운 얼굴이 아닌 한쪽으로 약간 기울어진 듯 싶은 얼굴 모습을 지니고 있으셨다.

할머니는 한글을 잘 읽지 못하셨지만, 자신이 소중하게 간직하고 있던 아래아 한글의 신·구약 성경책만은 토씨 하나 틀리지 않게 술술 읽어 내려가곤 하셨다.

손주들이 얼마 되지 않는 용돈을 할머니께 드리면, 그 중의 일부를 쪼개어 사과 한 톨, 홍시감 하나, 우유 한 병씩을 사 들고서 앓아 누워 있는 마을의 이웃 환자 집에 심방을 자주 다니곤 하셨다. 그러한 할머니에게 남편은 '누가 반긴다고 성치 않은 몸으로 그렇게 다니시느냐'고 투정을 하지만 할머니는 웃으면서 그냥 지나치신다.

몇 년을 더 그렇게 심방을 하며 지내던 할머니가 돌아가시게 되었다. 그 후 마을의 몇몇 사람들이 강 권사(할머니)를 일러 '사랑의 어머니셨는데 …… ' 하며 못내 아쉬워하는 표정을 짓는 것을 볼 수 있었다.

할머니가 심방다녔던 환자들은 대개가 돌보는 이가 없는 노인네들이거나, 혹은 젊은이들일지라도 아이들은 어리고 생활이 어려워 간병인을 둘 수 없는 형편의 사람들이 많았던 것 같다.

그들 중 뒤에 회복이 되어 일상 생활로 되돌아오는 이도 있었지만 앓다가 그대로 세상을 떠난 이도 많다. 할머니가 가신 지도 벌써 십여 년이 넘었지만 웬일인지 내 마음속에는 아직도 할머니가 살아 있는 듯하다.

그러던 어느날 나는 내 생애가 얼마 남지 않았을지도 모른다는 약간 엉뚱한 생각이 들기 시작했다. 그래서 오래 전부터 생각해오던 호스피스 자원봉사자 교육을 받아 봉사의 생활을 하리라 작정하고 십 주간의 교육을 받기 시작했다.

교육은 주로 사형선고를 받은 처지와 같은 시한부 암 환자들 중 특히 말기에 이른 사람들을 간병하는 일을 중심으로 행하여졌다.

얼마 남지 않은 생명에 대한 애착심과, 죽음에 대한 두려움과 공포심에 떠는 환자들에게 죽음을 수용할 수 있도록 도와주고, 살아온 자신의 지난 삶에 대해 정리하며 편안히 떠나갈 수 있게 도와주는 일이었다.

통증으로 인하여 고통스러워하는 환자들의 모습을 지켜보아야 하고 결코 좋지 않은 냄새로 인하여 봉사자들이 힘겨워 한다고도 하였다. 더욱 중요한 것은, 앞으로 길지 않은 여생 동안이나마 그들은 인간적인 대우를 받고 싶어하는데, 그것은 자력으로 음식물을 먹을 수 있고 또 스스로 배설물을 처리할 수 있어서 될수록 남에게 폐를 덜 끼치기를 바란다는 뜻이었다. 하지만 그들은 움직일 수 없는 몸이 되어 타인의 도움을 받아야 되고, 보이고 싶지 않은 자신의 치부를 내보여야 한다는 것에 가장 큰 수치심을 느낀다고 하였다.

이럴 때 봉사자의 마음속에 환자를 사랑하는 마음이 생기기만 하면 환자에게서 아무런 냄새도 느끼지 않고 환자를 일으켜 세울 때도 무겁지 않으며 그의 얼굴마저 예쁘게 보인다고 했다. 마치 갓난아기의 기저귀를 갈아 끼워 주는 어머니의 마음 상태가 되는가 보다. 어머니가 자식을 사랑하듯이 그렇게 기쁜 마음이 되는 것이라고나 할까. 아무 것도 느끼지 못하는 것처럼 보이는 갓난아기도 어머니의 따뜻한 손길을 느끼면 잘 자고 잘 놀지만, 조금이라도 낯선 손길을 느끼면서 자주 보채고 칭얼댄다는 것을 우리는 알고 있다. 이와 마찬가지로 따뜻한 봉사자의 손길을 느낄 때 중

증의 환자이지만 편안한 잠을 잘 수도 있으리란 생각이 들었다.

나는 다시금 내 할머니의 모습을 떠올린다.

할머니는 결코 사과 한 톨이나 우유 한 병만을 들고 심방한 뒤 그냥 되돌아오지는 않았으리라는 생각이 든다. 자유롭지 못한 환자에게 먹을 수 있도록 도와주고, 혼자서 처리할 수 없는 환자의 배설물 처리도 도와주며, 물 묻은 수건으로 환자의 몸을 닦아주기도 하면서 심리적으로 불안한 그들에게 자신이 믿는 내세의 소망을 전하여 주며 평온하게 삶을 마감할 수 있도록 눈물로 기도하였으리란 생각이 이제야 들게 되었다.

할머니는 호스피스 봉사 이론을 그 당시 벌써 실천하였던 게 아닐까.

할머니는 그렇게 자신의 길을 걸어갔던 분이었다. 이제 할머니가 절뚝거리며 사과 한 톨을 들고 길을 걸어가던 모습은 손주가 투정을 부리던 대상으로서의 초라한 모습이 아닌, 그와는 정반대의 빛나는 모습으로 내게 다가왔다.

교육이 끝나갈 무렵 나는 무력감에 젖어 절망의 늪 속으로 빠져들기 시작하였다. 능력의 한계 때문에 아니 사랑의 결핍 때문에 도저히 봉사자의 대열에 설 수 없으리라는 생각과 함께 내 자신이 세상에서 아무 쓸모없는 인간이 되어버린 것 같은 생각에 빠져들면서 그 늪에서 쉽사리 헤어 나오지 못한 때문이었다.

그럴 즈음에 돌아가시기 전 할머니가 나에게 사람은 누구나 맡은 바 달란트가 있는 법이라고 하며 네게도 걸어가야 할 길이 있을 거라고 유언처럼 말씀하시던 모습이 생각났다.

할머니의 그 말씀을 떠올리며 무력해져 가던 나는 모처럼 다시 힘을 얻을 수 있었다.

<『기독문예』 창간호, 1994>

아름다움과 향기

얼마 전 '국제 속독 경진대회'가 열린 곳에 간 적이 있었다. 잘 아는 분의 권유도 있었지만, 속독에 대해서 관심이 좀 가기도 해서였다.

대회장에 들어서자, 일 년에 한번 어버이날이나 되어야 카네이션 한 송이를 달아보는 것이 고작인 나에게 한 어린이가 다가와 예쁜 장미꽃을 가슴에 달아 준다. 조금은 당황한 마음이 되어 나는 주위를 두리번거리며 살펴보았다. 이곳에 오신 모든 분들게 꽃을 달아 드린다고 하면서 아이는 환하게 웃고 있었다. 다른 사람 앞으로도 가서 또 꽃을 달아 주는 아이의 웃고 있는 모습이 사랑스럽다. 그 아이의 옆에는 손님에게 달아줄 꽃송이들이 많이 쌓여 있고 대회장 안에서 입상자에게 주어질 꽃다발인지 한 아름 쌓여 있었다.

뒷자리로 찾아가서 의자에 앉으면서 지금껏 잘 느끼지 못했던 사실을 깨닫게 되었다.

이제 와서 생각해 보니, 내가 살아오면서 접해 왔던 여러 종류의 행사들, 즉 무슨 기념식이나 대회, 결혼식, 또는 교회예배, 그리고 어느 가정집에 초대되어 갔을 경우 등 그 장소에는 언제나 꽃이 있었던 것으로 기억된다. 그런데 이전엔 전문인의 손으로 손질이 잘 된 그런 꽃꽂이를 보고서도 그 곳에 꽃이 놓여 있음을 느끼지 못했었다. 아름다운 꽃의 모습과 꽃으로부터 발산되는 향긋한 향내를 여태껏 느끼지 못하며 지내 왔다는 사실을 이제야 깨닫게 되었다.

어버이날에 아이들이 달아주던 카네이션에서는 아이들의 사랑이 느껴져서 즐거웠다. 앞서 받은 작은 두 송이의 장미꽃에서 향기를 느끼며, 나는 또 꽃을 달아주던 아이의 마음을 느낀다. 그 순간 아름다운 꽃들이 거기 많이 쌓여 있다는 사실을 비로소 알게 된 것이다.

나는 가끔 한가한 시간이 생기면 남편과 함께 집 근처에 위치한 아차산에 오르곤 한다. 본격적인 등산이라고 할 것까지는 없고, 비교적 높지 않은 산중턱에 위치한 약수터까지 산책 삼아 오르는 것이다. 그럴 땐 언제나 우리는 많은 대화를 나누며 걸어 올라간다. 여러 가지 대화 중에서도 내가 그에게 한결같이 물어보는 말이 있다.

온 산야에 피어 있는 야생화들을 바라보며, 저기 보이는 작은 꽃 이름이 무엇이냐고 묻는 나에게 그이는 곧 대답을 한다. 그것은 빨간 꽃, 여기 이 꽃은 노랑꽃 그리고 저건 파란 꽃, 하얀 꽃,

……. 이런 식으로 자기 마음대로 꽃에다 색깔 이름을 붙여 대답하곤 한다.

매번 반복되는 이 물음과 대답을 주고받으며 우리는 마주보고 웃으면서 걸어간다. 그러나 그 꽃들은 우리를 그냥 지나쳐 가게 하지 않는다.

나는 가까이 가 두 손을 땅에 짚고 그 꽃들의 향내를 맡아본다. 작고 볼품없는 야생화들이지만 왠지 자꾸 마음이 이끌린다.

하얀 멍울이 온 가지에 달려 있는, 언뜻 보면 안개꽃과 비슷한 모습의 야생화를 보게 되었다. 단지 보기 좋다는 생각만을 하고서, 그 꽃을 한 아름 꺾어다가 집안 군데군데에 꽂아 보기도 했다. 이상한 것은, 그 꽃들이 무척 작아 보이고 초라하게 보여 나에게 안쓰러움마저 느끼게 한다는 사실이었다.

나는 그 야생화를 꺾어 오는 것이 아닌데 하는 후회를 하게 되었다. 야생화는 크고 작은 나무들 사이에서 햇볕도 제대로 받지 못하지만 아무 불평의 소리도 하지 않는다. 찬 서리 눈보라 속에서도 조용히 숨을 죽이고 있다가 봄이 되면 고개를 빼죽이 내밀며 다시 일어선다. 그리고 나 여기 있다는 듯이 조용히 모습을 드러낸다.

나는 그 작은 야생화에게 깊은 사랑과 연민을 느껴 왔다. 반면에 양질의 토양에서 적당한 온도와 햇볕으로 영양을 공급받으며 자라난 아름다운 꽃을 보면서는 그런 감정을 느껴보지 못하였다.

그 화려한 꽃을 재료 삼아 전문가의 예술적 감각으로 잘 다듬은 꽃꽂이에서도 진한 향기를 느끼지 못하였다는 것은, 그러한 아름다움에 대하여 내가 마음의 문을 전혀 열지 못한 탓이 아닌가 한다.

사람들에게 기쁨을 주기 위해 꽃꽂이를 하는, 그리하여 가시에 찔리면서도 정성과 사랑을 기울이는 꽃꽂이 전문가의 마음을 알 수 있을 것 같다. 결국은 세상에 있는 모든 것들에 대하여 사랑하는 마음으로 보게 되면 자연히 그것들이 아름답게 보이는가 보다.

나는 비로소 정돈이 잘된 실내에 꽃이 있음을 느끼며, 그들로부터 아름다움과 진한 향기를 맡을 수 있었다.

<『기독교수필』 제5집, 1995>

산(山)을 바라보며

무심히 바라보고 있는 내 눈 안으로 하얀 건물의 중학교가 들어왔다. 그 뒤로 하얀 십자가가 유난히 돌출해 보이는 신학대학이 있고, 산 중턱에 자리한 아파트들도 보인다. 이 모두를 둘러싼 병풍처럼 보이는 아차산의 등성이를 따라 나아가던 내 눈길은, 정상에 있는 나무의 잎들에서 반짝거리는 빛에 머물렀다.

순간 머리 속이 맑아지며 상쾌한 기분이 들어 몸이 새털처럼 가벼워지는 것 같았다. 여러 날 동안 나는 심한 두통에 시달리고 있었다. 가슴이 답답하다는 생각이 들 때마다 하루에도 몇 번씩 이곳 베란다에 나와 산을 바라보곤 했었다. 아무 생각없이 그저 그렇게 서 있었다. 산은 신록이 우거진 숲으로 온통 푸르게만 보였다.

가까이에 보이는 가로수의 잎들을 보면, 올 봄에 새로 자라난 가지나 줄기에 돋아난 잎들은 연녹색으로 되어 있었다. 전부터 있던 오래된 잎들은 짙은 녹색으로 검푸르게 보이나 새로이 자라난 이파리들의 모양은 마치 아름다운 꽃처럼 연녹색을 띠어 귀엽고 예쁘게만 보인다.

아차산에는 소나무를 비롯한 여러 종류의 나무들이 있지만, 특히 아카시아와 밤나무가 많다. 아카시아 꽃이 활짝 피는 봄에는 동네 전체가 그윽한 아카시아 향기에 잠기고 만다. 숨을 들이쉴 때마다 코를 간지럽히는 향내는 내 가슴을 설레이게까지 한다. 밤에는 아카시아 꽃과 밤나무 꽃으로 인하여 온 산이 하얗게 보여 마치 겨울철 눈꽃이 만발함을 연상하게 한다. 바람결에 날리는 꽃이파리도 꼭 눈발이 날리는 것 같이 보인다.

이 때쯤이면 어김없이 꽃을 따라 다니며 양봉을 치는 사람들이 이곳에 와 벌통으로 진을 치고서 기거를 한다. 아카시아 꽃이 지고 밤꽃까지 지기 시작하면 그들은 거처를 떠나 버린다.

사람이 사는 곳 어디라도 도장(道場) 아닌 곳이 없다고 하였는데, 이곳에 서서 산을 바라보니 도를 닦는 기분이 들어 인생무상에 대하여 생각이 미친다. 사람의 평균 수명을 육십으로 본다면 내 나이 불혹을 넘겼으니 남은 인생은 얼마나 될까? 일생을 사계절에 비유한다면 나는 지금 어느 계절쯤에 와 있는 걸까?

새싹이 돋아나고 꽃이 피는 봄, 진한 향기와 함께 벌나비가 노니는 화려한 꽃의 계절, 종달새와 뻐꾸기가 노래하는 봄……. 그런 내 인생의 봄은 이미 지났다.

두려울 것 없다는 듯 하늘을 향해 고개를 번쩍 쳐들고 두 팔을 벌리고 자신 만만해 하는 신록의 계절 여름, 번개와 천둥소리에도 의연하게 견디고 폭우가 쏟아져 홍수가 와도 땅속 깊이 뿌리를 내린 나무는 움쩍도 하지 않는 그런 여름의 연륜도 아니다.

가을, 모든 곡식들의 열매가 익어 머리를 숙인 채 추수를 기다리는 계절, 무서운 태풍 속에서도 끝까지 떨어지지 않고 매달려 견디던 여러 가지 과일의 열매들을 볼 수 있다.

그 중에서도 나는 다음과 같은 이야기 속의 밤나무와 열매를 생각해 본다.

너무 소중하고 귀해서 어느 누가 혹여라도 탐이 나 가져갈까 걱정되어 가시로 꼭꼭 숨겨서 기르던 밤송이가 있었다. 어느 가을날 세찬 바람결에 영근 알밤에게 어디 다친 곳은 없느냐, 아프지는 않느냐고 물었다. 떼굴떼굴 굴러가던 알밤은 "웬 걸요, 깜깜하고 답답해서 혼났는데 시원해서 살 것 같아요"라고 대답했다 한다.

그러나 나는 알밤의 시원함보다 어미 밤나무의 마음을 헤아려 본다. 떨어질 알밤의 아픔을 생각하며, 그것이 떨어지는 곳이 자갈이 많은 곳이 아니길 바라고 바위나 가시덤불이 없는 곳이기를 바라지만, 오히려 '시원해서, 답답하지 않아서 살 것 같다.'는 알밤의 말에 목이 메인다.

나는 분명하게 이런 가을의 계절에 서 있는 듯 같다.

금년에 대학생이 된 막내 아이는 마음이 놓이지 않아 이것저것 묻는 내게 "나는 이제 어린아이가 아니에요."라고 말했다.

알밤을 고이 간직하려 해도 바람결에 못 이겨 떨어뜨릴 수밖에 없는 밤나무의 마음은 곧 힘들고 고통스럽지만 견뎌내야 하는 자연의 이치임을 어찌할 것인가. 내 아이가 훌륭히 자라서 적당한 곳에 쓰여지는 알밤이 되기를 바랄 뿐이다.

산등성이의 저 빛나는 밤나무들은 아마도 그런 밤나무들이리라. 가끔 바라보는 산은 내 머리를 식혀주고 또 이처럼 내 마음을 달래 주기도 한다.

<동인지『사계』제2집, 1993>

강(江) 가에 서서

한강에서 젊은이들이 윈드 서핑을 하는 모습이 마치 형형 색색의 나비들이 물위에 앉았다가는 다시 날아오르는 모습처럼 보여 홀린 듯이 그 광경을 바라보고 있었다.

주황색의 구명조끼를 착용한 부분이 나비의 몸통으로 보이고 돛대에 걸린 빨강, 파랑, 노랑 색깔의 돛폭은 날아다니는 나비의 날개처럼 보여 제법 아름다웠다. 윈드 서핑을 하던 나비 한 마리가 바람 부는 방향을 따라서 이리저리 움직여 다니다가 갑자기 균형을 잃고 돛대와 함께 물 속으로 곤두박질쳐 내 시야에서 사라져 버리고 만다. 조마조마한 마음으로 그 곳을 주시하고 있노라면 어느새 닻은 다시 세워지고, 또 조타수가 균형을 잡으려고 안간힘을 쓰는 모습이 먼 곳인데도 쉽사리 시야에 들어온다.

그 옆으로는 모터보트의 인도를 받으며 수상스키를 즐기는 이들이 있어 그 모습이 보기에도 시원하게 느껴진다. 다리 아래로는 모터보트가 물길을 가르며 달려가고 난 뒤로 하얀 물거품의 줄기가 일었다가 잦아지면 그 부드러운 물방울들의 시원한 촉감이 금방 내게 느껴져 오는 것도 같다.

세월은 흐르는 물과 같다고 하였는가? 그 동안 너무도 많이 변한 마을 풍경에 내가 다른 곳에 와 있지나 않나 하는 느낌이 들 정도이다.

내가 이곳 광나루 마을로 이사온 지도 어느덧 십년 하고도 몇 개월이 더 지난 것 같다. 광나루는 내가 지금 서 있는 한강변 나루터 일대를 가리켜 부르는 이름이다.

이곳에 온지 얼마 되지 않았을 때 은행에 볼일이 있어 이웃 사람들에게 은행이 어디에 있느냐고 물었더니, 산 중턱에 있는 아파트 단지의 상가 안에 있다고 한다. 그곳에 가기 위해서는 약간 비탈진 언덕길을 걸어 오라가야 했다. 조금은 힘이 드는 곳이고 다소 짜증도 날 만 했지만, 나는 즐거이 그 길을 걸어다니곤 했다.

가로수의 낙엽이 떨어져 바람 부는 대로 굴러다니다가 발에 밟히며 바스락 소리를 내는 것이 내겐 무척이나 좋았다. 높은 곳에 올라서면 마주 보이는 눈 아래의 풍경은 내 어릴 적 고향을 생각하게 해 주었고, 그 일이 또한 내 마음을 포근하게 해 주었다. 눈 아래로 보이는 한강 물과 강변 밭뙈기에서 자란 빨갛게 익은 고추들, 넝쿨에 매달린 호박 덩이들과, 들의 벼이삭이 익어 머리를 숙이고 있는 것을 볼 수 있어서 좋았다.

나는 고향을 생각하게 되면 무엇인가 쓰고 싶어진다. 기쁘고 좋아서 쓰고 싶고, 슬퍼 눈물이 나려고 해서도, 그 고향을 그리며 쓰고 싶고, 슬퍼 눈물이 나려고 해서도, 그 고향을 그리고 쓰고 싶고, 간혹 마음이 허전해지면 고향생각으로 빈 마음을 꽉 메우고 싶어서도 쓰고 싶어진다.

그 언덕 길을 오르내릴 때마다 내 머리 속에 펼쳐진 하얀 벽지 위를 마음의 글로 가득 메우며 걸어 다녔다. 그러다가 저 아래로 굽어보이는 강가로 내려가 보고 싶어 지금 서 있는 이곳에 왔다.

아름드리 서 있는 포플러나무 밑에서 노인 몇이 담소를 하며 앉아 있었고 나무 기둥에는 몇 척의 나룻배가 동아줄에 매어져 있었다.

또한 강에는 뱃놀이를 즐기는 사람들로 제법 붐볐으며, 강 아래쪽에 방생하는 곳이 있었는데, 여인네들이 양동이 속에 들어 있는 물고기들을 방생해 주고 두 팔을 크게 벌려 원을 그리듯 합장을 하면서 무엇인가를 기원하는 모습을 보였다. 지금도 방생하는 모습은 여전히 눈에 띈다.

강 아래쪽으로 붉은 노을이 지는 것을 볼 때면 나는 방천 둑길을 달려가던 어는 유년시절의 작은 시골 소녀가 된다.

아무 것도 가진 거 없이, 낡아서 색이 바랜 치마와 저고리를 입은 단발머리의, 밑바닥이 다 닳아져 갈라진 틈새로 흙이 들어오는, 꽃무늬가 그려진 작은 고무신의 소녀를 보게 된다. 둑길이 끝나는 지점에서 냇가를 건너 옆으로 조금 올라가면, 밭에서 김을 매던 어머니가 거기 있었다. 어머니는 어느 때는 고추를 따고 어느 때는 목화솜을 따기도 했다. 하루 종일 집에서 어머니를 기다리다가 붉은 노을이 물들기 시작하면 그때는 밭으로 내달려가 어머니와 함께 집에 돌아오는 시간이 그렇게 즐거울 수가 없었다.

마을에 들어서게 되면 집집마다 저녁을 짓는 연기가 굴뚝으로 피어올라 메케한 냄새가 코를 자극하였지만 그 냄새가 싫지 않았다. 큰 소리로 아이들은 불러들이는 어머니들의 목소리가 여기저기서 들려오기도 했다.

집에 들어와 보면 언니가 마당에 모깃불을 피워 놓고 평상 위에 저녁상을 차려 놓고서 우리를 기다리고 있었다. 식사가 끝나고 나면 이런저런 담소로 시간가는 줄 모르는 어른들의 농사 이야기를 귓가로 들으며 나는 어머니의 무릎을 베고 누워 아스라이 잠 속으로 빠져들곤 했다. 어머니는 혹 내가 모기에 물릴까봐 부채로 연신 모기를 쫓아주곤 하는 것이었다.

지금 나는 강가에 서서 저녁 노을이 지는 모습을 보며 고향생각에 젖어 무엇인가를 쓰고 싶어진다. 그럴 때마다 저 나비의 날개를 생각한다. 사람은 누구나 날고 싶어하나 보다.

윈드 서핑을 하는 젊은이들도 물위를 날고 싶어서가 아니겠는가.

그들은 조종사가 조종하는 비행기를 타기 원하지 않고, 나룻배 주인이 노를 저어 주는 놀잇배 타기를 원하지도 않으며, 대신 자신이 원하는 길과 방향으로 저어 나아가기 위해 힘든 노력을 하고 있다.

저곳의 많은 사람들이 제각기 자신의 배를 움직여 윈드 서핑을 하고 있지만, 돛폭의 모양이 각기 다르고 색깔과 폭의 넓이가 또한 같지 않다. 바람이 부는 방향 그대로 무조건 모두 같은 쪽으로 움직여 가지도 않는다. 그들은 각기 바람의 방향과 세기를 이용하여 자신이 원하는 길을 가고 싶어한다. 그때 바람의 방향과 힘의 세기에 맞게 돛대로 균형을 잡아 배가 넘어지지 않게 해야 되고, 또 다른 배와 충돌하지 않기 위해서도 노력해야 한다. 그렇지 않으면 순식간에 물 속에 빠져 버리고 만다.

많은 배들이 돛폭을 나비의 날개처럼 움직여 관람자에게 아름답게 보이기는 하지만 그 자신들은 힘에 겨운 노력을 계속하지 않으면 안 된다. 그들은 각기 행선지의 방향이 달라서 질서가 전혀 없는 것처럼 보이기도 하지만, 보기와는 달리 그들은 질서 있게 움직이고 있는 것이다. 그렇지 않으면 그들은 서로 충돌하여 물속으로 빠져 버리고 말기 때문이다. 물에 빠진다고 해서 다시 일어설 수 없는 것은 아니지만, 배에 다시 올라서기 위해서는 힘든 노력을 경주해야 하지 않겠는가.

나는 오늘 강가에 서서 윈드 서핑을 하는 모습을 보며 많은 것을 생각하게 되었다.

나는 지금 나의 작고 노후한 배에 결코 화려하지는 않지만, 그러나 자그마한 돛폭의 날개마다 달 수 있게 되기를 소망해 본다.

<동인지 『사계』 제2집, 1993>

무명지

아들아이를 수술실에 홀로 남겨둔 채 나는 문 밖으로 나와 있었다. 빙판 위에 서 있는 것처럼 몸이 마구 떨려 왔다. 방금 전에 보았던 수술 기기들과 수술대에 누워 있던 아이의 얼굴이 자꾸 눈앞에 어른거린다. 그때 수술실에 들어가려던 담당의사는 어머니가 함께 있어도 괜찮다며 같이 들어가자고 하였다. 나는 밖에서 기다리겠노라고 하고 그대로 남아 있었다.

수술이 끝나기를 기다리는 시간은 길게만 느껴졌다. 간단하게 심을 넣어두었다가 나중에 빼내기만 하면 된다는 의사의 권유에 그만 아이를 들여보내 놓고 나니 후회가 되기 시작했다. 조금 불편한 대로 그냥 놔둘 걸 그랬다는 생각이 자꾸만 들었다. 나는 빈 복도를 마냥 서성거리고 있었다.

그날, 밤 늦게야 돌아온 아이는 무슨 물건인가를 들다가 방바닥에 떨어뜨렸다. 놀라서 쳐다보는 나에게 손가락을 조금 다쳤다고 아이는 말했다. 약간 삐인 것 같다며 사 가지고 들어온 파스만 발랐다. 오른손 무명지(無名指)였다.

며칠만 지나면 나으려니 했던 생각과는 달리 상당한 기간이 흘렀는데도 아이에게서는 파스 냄새가 그치지 않았다. 나는 뼈가 다친 모양이니 병원에 가보자고 하였지만 그 앤 괜찮다는 말만 되풀이하였다.

그런데 학교 컴퓨터실에서 기기를 다루는데 손가락이 자유롭지 못한 것을 발견한 그 애 친구가 다친 손가락을 그냥 놓아두면 장애자가 된다고 하더라는 것이다. 그제야 놀란 아이가 스스로 병원에 가겠노라고 해서 이처럼 병원엘 찾아온 것이다. X레이 촬영을 한 결과 손가락 끝 부분의 인대가 끊어졌으니 심을 넣어 뼈를 받쳐주게 되면 붙게 된다는 말에 그만 수술실로 들여보냈던 것이다.

한참 후에야 나타난 아이의 손가락엔 철침 두 개가 꽂혀 있었다. 손가락 밖으로 빠져나와 있는 심의 길이가 무척이나 길어 보였다. "아프지 않으냐"는 내 말에 아이는 "그렇다"고 했다. 시술이 제대로 되어 있는지를 알아보려고 촬영을 다시 해야 한다며 촬영실 앞에서 차례를 기다리고 서 있었다.

그런 아이를 보며 나는 대기실 소파에 털썩 주저앉고 말았다. 어째서 그렇게 다리에 힘이 하나도 없어지는지 알 수가 없었다. 나는 손가락이 아닌 내 심장에 철침 두 개가 박혀 있는 것처럼 가슴이 아파 오기 시작했다. 차마 더 바라볼 수 없어 고개를 돌려 보았지만 곧 다시 아이에게로 눈길이 가곤 했다.

잠시 후에 돌아온 의사는 내 얼굴을 번갈아 바라보다가 무슨 생각에선지 아이를 데리고 수술실로 들어가 버렸다.

무명지.

자기 이름조차도 갖지 못한 손가락이다. 엄지, 검지, 장지의 활동에 눌리고 또한 새끼손가락만큼도 쓸모 없어 보이는 무명지였다. 누구나 무명지(약손가락)에 대해서는 큰 관심을 가지지 않았을 것이다.

무명지 한 마디 정도 제대로 움직일 수 없다는 게 뭐 그리 대단한 것이냐고 나는 말했다. 며칠 후면 학기말고사도 치러야 되고 리포트도 써내야 할 텐데 글씨를 쓰지 못하면 안 된다며 처음엔 수술 반대 의사를 비추었었다.

의사는 정답을 몰라서 못쓰는 것이지 손이 아파서 못 쓰지는 않는다며 글씨를 잘 쓰지는 못해도 그런 대로 답안지를 쓸 수는 있다고 하였다. 또한 무명지가 제 구실을 못하면 피아노나 컴퓨터 같은 섬세한 기기를 다룰 수가 없고, 힘든 작업을 할 수 없다는 것이었다.

별로 필요를 느끼지 못할 정도로 미미한 존재였던 무명지가 제 구실을 못할 경우에도 결정적인 순간에 큰 일을 그르칠 수가 있다는 것이다. 우리 몸의 어느 부분이라 할지라도 필요 없는 부분이 하나도 없다는 사실을 나는 깨달았다.

그것이 어찌 신체의 부분뿐이겠는가.

사람은 누구나 사회, 직장, 가정 어느 곳에서나 자기가 속한 부서가 있기 마련이고, 그런 부서 또한 각기 엄지, 검지 그리고 무명지의 구실을 맡게 마련이다. 어떤 사람이라도 중요한 역할을 하고 싶어하고 그 분야에서 최고가 되기를 소망하며 살아간다. 있어도 있는지를 모르고, 없어져도 없는지를 모를 정도의 사람이 되기를 원하지는 않을 것이다.

그러나 어찌 보면 그러한 존재가 마로 그 무명지의 위치가 아닐까 싶다. 그런 무명지에게 사람은 큰 기대를 하지 않는다. 무명지 또한 그러한 것에 원망도 하지 않는다. 다만 제 할 일만 열심히 할 뿐이다.

사람은 단지 그러한 사실을 모르고 지내다가 무명지가 상처로 인하여 제 기능을 발휘하지 못할 때가 되어서야 그 사실을 알아차린다. 나는 오늘에야 바로 그러한 사실을 겨우 알아차린 것이다.

요즈음 가끔씩 나는 빈 둥지나 다름없는 집안에 홀로 남아서 자신이 무용지물이 되어가고 있다는 생각을 하곤 하였다. 나 역시 무명지의 위치는 아닐는지.

그러나 오늘 의사에게서 무명지의 필요성에 대해 설명을 듣고 보니 그것이 오히려 나에겐 큰 힘이 되었다.

수술을 끝내고 나온 아이의 다친 손가락은 하얀 붕대로 감싸여 있고 보호대가 장치되어 있었지만, 그대로 아까 보았던 원래 모습이 지워지지 않고 자꾸 떠올라 가슴이 아려 왔다.

아이와 함께 집으로 돌아오면서 역시 수술하기를 잘했다는 생각이 들었다. 비록 상처로 인하여 불편한 생활을 8주 정도는 더 해야 한다는 아들아이의 무명지를 바라보는 것이 고통스럽기는 할지라도 무명지의 역할을 생각하며 그 아픔을 참아내야 하리라.

<『새길』 1994년 5 · 6월호>

눈 길

어제부터 내리기 시작한 눈. 지금까지도 여전히 바람 따라 눈발이 흩날리고 있다.

늦은 밤 한산한 거리에 눈이 내리는 모습을 바라보다가 나는 아차산 등성이로 눈길을 돌렸다. 눈은 온 산야에 서 있는 나무들을 하얗게 덮어 버렸다. 산을 휘어감듯이 나 있는 도로는 가로등 불빛으로 인해 환하게 드러나 보인다. 길 양옆으로 줄지어 서 있는 벚나무는 때아닌 하얀 벚꽃을 피우고 있는 것처럼 보여 아름답다.

눈발이 바람결을 따라 이리저리 흩날리는 모습이 먼 거리인 이곳의 베란다에서도 환하게 보인다. 나는 여러 가지 상념에 젖어들었다.

아무도 밟지 않은 눈을 숫눈이라 했던가.

불현듯 이 밤에 산길 위 숫눈을 밟아보고 싶어진다. 혹 사슴이나 다람쥐가 산보 나와서 나와 함께 놀아 주지는 않을까 하여 마음이 설레기도 한다.

그러한 마음도 잠시, 가슴이 저며오는 슬픔이 전해져 온다.

나는 어렸을 적에 숫눈을 누구보다도 먼저 밟으려고 아침 일찍 일어나 학교 운동장으로 달려가 눈 위에 발자국을 만들어 놓기를 좋아했다.

첫눈이 오면 나는 어머니의 따뜻한 미소와 하얀 백설기가 떠올라 마음이 포근해짐을 느낀다. 어머니의 생신은 동짓달이라, 그 무렵쯤이면 대개 첫눈이 오곤 하였다. 아마도 백세가 되도록 사시라고 언니는 매년 백설기를 만들었는지도 모른다.

눈 오는 날 처마 밑에 절구통을 옮겨다 놓고 물에 잔뜩 부운 쌀을 그 절구통에 넣어 찧고 있던 언니의 모습이 지금도 눈에 선하다. 백설기를 만들기 위해 빻은 쌀을 체에 내리고 계시던 어머니의 모습도 그리워진다.

눈발이 바람에 날리는 것을 바라보면 나는 어머니의 다정스럽게 웃으시던 모습이 떠오르고 갑자기 김이 모락모락 나던 백설기가 먹고 싶어진다. 또한 백설기를 대할 때는 역시 눈발이 날리는 것처럼 느껴져 하늘을 바라보는 묘한 버릇이 나에겐 있다.

눈을 맞으며 밟으며 밖에서 뛰어다니다가 어둑어둑 해가 져서야 나는 집으로 돌아오곤 하였다. 어머니는 온 몸이 찬바람에 젖어 찬기가 감도는 나를 끌어다가, 아궁이의 불을 살짝 헤집어 꽁꽁 얼어버린 내 발을 따뜻하게 녹여 주시곤 하였다. 그럴 때 떡시루에서는 김이 모락모락 피어오르고 있었다.

나는 밖에서 추위에 떨다가 집에 돌아가기만 하면 항상 포근하게 감싸줄 어머니가 기다리고 계실 줄 알았다.

지금 나는 나를 기다려 줄 고향의 어머니가 계시지 않는다는 사실이 새삼 슬픔이 되어 다가온다. 갑자기 한기가 느껴져 옷깃을 여미는데, 눈 덮인 산길을 걸어가는 세 사람의 모습이 퍼뜩 떠오른다.

황석영의 「삼포 가는 길」에 나오는 세 사람의 영상이다. 술집 작부이며 도망자인 백화와 함바집 주인에게 쫓기는 공사장 인부 영달이, 그리고 따뜻하고 아름다운 섬인 고향 삼포로 간다는 정씨 등 이렇게 셋이다.

이들은 눈 덮인 산길을 눈발이 날리는 해질녘에 지나다 폐가에 들어가 불을 지펴 언 발을 녹이며 세 사람 모두 마치 먼 곳에서 막 집에 도착한 느낌에 젖어든다.

고향을 떠날 수밖에 없었던 이들이 도시에서조차 밀려나 공사장과 술집을 전전하다가 이제는 도망자가 되어 북풍한설, 그 눈길을 걸어서 어디로 갈는지 막막하기만 하다.

나는 아스라이 그리워지는 고향과 이 세상에 계시지 않는 어머니를 생각하며 작은 슬픔을 느꼈던 것이 왠지 사치스런 낭만이 아닐까 하는 생각이 언뜻 들었다. 나에겐 돌아갈 따뜻한 가족들이 있는 집이 있지 않은가.

나는 눈 덮인 산길을 걷느라 꽁꽁 얼어버린 발을 녹여주며 포근하게 감싸줄 고향으로 돌아갈 수 없는 사람이 있을 것이라는 사실에 서글픔 같은 것을 느낀다.

눈 덮인 산 속의 사슴이나 다람쥐도 실은 즐거워서 소풍 나온 게 아니라 배고픔을 견딜 수 없어 먹이를 찾아 나선 길이리라.

눈발이 바람에 날리는 이 밤에도 눈 덮인 산길을 나서지 않으면 안 되는 이가 있을는지 모르겠다.

이 밤 나는, 북풍한설 눈길을 걸어가느라 추위에 떠는 이들이 있을지라도 그 추위를 녹여 줄 수 있는 따뜻하고 포근한 고향에 다다를 수 있었으면 하고 바라는 것이다.

<미발표 원고, 1994년 겨울>

매 듭

현관문 안으로 들어서는 딸아이의 모습이 몹시 피곤해 보였다. 등에 짊어진 배낭을 내려 지퍼를 열고서 몇 개의 비닐봉지를 내 앞으로 밀어 놓으며 그 애는 욕실로 들어가 버렸다.

아이는 며칠간 제주도로 동계 연주여행을 다녀오는 길이었다.

그 비닐봉지는 야무지게 매듭이 지어져 있었다. 나는 비닐봉지의 매듭을 풀기 시작하였다. 아마도 그 안에는 흙먼지가 앉아 있는 운동화나 젖은 빨래, 또는 먹다 남은 빵 조각이나 과자 부스러기 같은 것들이 들어 있을 것이다.

그런데, 잘 풀기 위해 애쓰는 내 모습을 바라보며 딸아이는 어이없어 하는 표정을 지었다. 방금 욕실에서 나온 듯 얼굴에 묻은 물기를 수건으로 닦으며 아이는 나에게 불만을 표했다.

"그냥 비닐봉지를 찢어내고 내용물을 쏟아낸 뒤 봉지는 휴지통에 버리면 될 것을 어째서 그렇게 헛고생을 하느냐"는 것이었다.
"그래도 찢어내는 것보다는 매듭을 풀어내는 방법이 더 좋을 것 같다"고 나는 말하였다.

아이는 빙그레 웃었다. 언젠가 한번 내가 지적해 주었던 사실을 그제야 기억해 낸 모양이다.

아이가 끈으로 물건을 묶은 적이 몇 번인가 있었다. 아이는 그냥 야무지게 매듭을 지어 마무리를 해버리곤 하였다. 나는 고리를 내어 매듭을 지어 놓으면 나중에 풀기가 편리하다고 아이에게 말했었다.

우리는 간혹 물건을 끈으로 묶어 운반할 때가 있다. 물건 묶는 일을 마무리할 때에 고리를 내어 묶지 않고 매듭만 지어 놓으면, 물건의 무게로 인하여 그 매듭은 더욱 더 조여지게 되어 풀 때에 여간 애를 먹는 게 아니다.

얼마 전 친지로부터 선물꾸러미를 전해 받은 적이 있다. 꾸러미는 끈으로 묶여 있었는데, 선물을 묶은 마무리가 리본 모양의 예쁜 고리로 매듭이 지어져 있었다. 고리의 끝 부분을 살짝 잡아당기니 스르르 매듭이 풀려, 나는 기분이 매우 상쾌하였다.

매듭을 지을 때 고리를 내는 것이 그렇게 힘든 일은 아니다. 그러나 아무리 작은 일이라고 해도 그러한 것에까지 신경을 써준, 보낸 이의 마음 씀씀이에 고마움을 느꼈다.

어렸을 적 나는 책을 보자기에 싸 가지고 학교에 다닌 적이 있었다. 처음 책을 쌀 때에 보자기의 네 귀를 두 개씩 묶어 고리를 내어놓으면 뒤에 그것을 풀 때 기분이 아주 좋았던 기억이 생생하다. 처음 묶을 때 조금만 신경을 쓰면 풀 때 수월한 것을 생각하라고 나는 다시 한번 옆에 서 있는 아이에게 말하였다.

사람들은 어려운 일을 해결하였을 때 "매듭을 풀었다."고 말한다. 이 말은, 풀 수 있는 고리가 없거나 또는 아주 작아서 사람의 눈에 잘 띄지 않을 때는 그 매듭을 풀기가 그만큼 어렵다는 뜻일 것이다.

나는 바느질을 할 때에도 그러한 점들을 느낀 적이 있었다. 고운 옷감 위에다 가는 실과 바늘로 바느질을 시작했는데, 옷감을 꿰매기 시작해 중간쯤 이르렀을 때였다. 조심한다고 하기는 했어도 얇은 실이라 그만 매듭이 지어지고 말았다. 반듯하고 곱게 되어져야 할 바느질인데 나는 여간 난감하지 않을 수 없었다. 매듭이 지어진 실로 바느질을 계속할 수가 없었다.

매듭진 부분을 떼어내고 새로운 매듭을 지어 바느질을 다시 시작해도 매듭 부분이 도독히 부푼 듯이 보여 곱지가 않을 것이다. 나는 생각다 못해 바늘 끝으로 매듭을 조금씩 흔들어 움직여 보았다. 작은 고리가 생기게 되고 곧 이어 매듭이 풀어지는 것을 보았다. 물론 인내와 끈기가 상당히 요구되는 일이긴 했어도 당초의 목표대로 바느질을 곱게 해낼 수 있어서 참 좋았다.

바느질을 하는 모든 사람들은 곱고 예쁜 옷을 만들어 내고 싶어 할 것이다.

나는 고운 옷감 위에 정성 들여 바느질을 해 가다가 예기치 않은 매듭이 생겼을 경우 그냥 매듭을 떼어 내는 것보다는 시간과 노력이 다소 소비되더라도 그 매듭을 풀어내는 방법이 곱고 예쁜 옷을 만들어 낼 수 있으리라 여겨졌다.

우리가 살아가는 삶도 역시 고운 옷감 위에다 정성 들여 바느질을 하는 것과 같은 이치가 아닐까?

<동인지 『사계』 제3집, 1994>

모닥불

가로수의 빈 가지들이 거센 바람에 마구 흔들리는 것이 차창 밖으로 보인다.

도로변 공사장의 인부 두어 사람이 모닥불 곁에 서서 이야기하며 웃고 있다. 외곽에서는 몇 사람이 하루의 작업을 마무리하는지 부지런히 물건들을 정리하고 있다. 거반 타버린 모닥불의 허여스름한 잿가루가 바람에 흩날리는 모습이 마치 흰 눈가루처럼 보인다. 이제 두어 사람마저 모닥불에서 떠나버리고 아무도 보이지 않아 공사장에는 겨울 찬바람만 스쳐갈 뿐이다.

문득 황량한 벌판 끝, 거기 맞닿은 산기슭에 버려진 외딴 폐가에서 떨고 있는 아이들의 모습이 떠오른다. 뿌옇게 먼지가 앉은 마루 밑에 검은 먼지를 뒤집어 쓴 채 뒹굴고 있는 신발 두어 켤레가 보인다. 몇 년째 이엉을 얹지 못한 지붕은 군데군데 무너져 내려앉고 창살만 남은 방문은 기우뚱하게 열려 삐그덕거린다. 어두컴컴한 부엌 아궁이는 불기운이 가신 지 이미 오래되어 썰렁하고,

마당 귀퉁이에는 깨진 그릇들이 여기저기 흐트러져 있다.

어느 해에 붙여 둔 것인지 '立春大吉'이란 글씨가 다 닳아져 알아보기 힘든 것이 그나마 떨어져 나가고 문기둥에 조금 남은 쪽지만이 바람에 나풀거린다. 마당 한가운데 서 있는 세 아이들은 서로 부둥켜안은 채 벌판을 달려온 칼바람 속에 떨고 있다.

예쁜 소녀 가장 양궁 선수 H양.

며칠 전 신문에서 보았던 어린 소녀의 얼굴이다. 5년 전 엄마, 아빠가 오토바이를 타고 가다 교통사고로 돌아가시고 이후 할머니, 큰아버지와 함께 살아왔단다. 3년 전 할머니가 먼저 돌아가시고 큰아버지마저 집을 나가버려 열두 살 짜리 초등학교 5학년생인 H양은 소녀 가장이 된 것이다. 그는 두 동생과 함께 폐가와 다름없는 산 속 움막에서 며칠을 보냈다. 무서움과 배고픔 속에 있던 어린 세 자매는 어느 갸륵한 목사의 도움으로 읍내 3층 건물 위의 물탱크를 개조한 방으로 옮겨와 지내게 되었고 이후 군청으로부터 도움을 받게 되었다. 살아생전 부모와 함께 지내는 꿈을 꾸다가 깨어나, 곤히 잠들어 있는 두 동생의 얼굴을 보며 소리 죽여 흐느낀다는 어린 소녀 가장은 4학년 때부터 활을 잡았다. 고된 훈련이지만 활을 쏠 때만은 슬픔을 잊을 수 있고, 보고 싶은 엄마 아빠 생각도 사라진다고 했다.

이러한 사정이 알려지자 대한양궁협회에서는 H양에게 앞으로 십여 년간 생활비 얼마씩을 매달 지급할 예정이라고 한다. 폐허가 된 집에 이제 사람의 손길이 닿아 마루에 쌓인 먼지를 쓸어내고,

불이 꺼진 새카만 아궁이에도 불씨 하나가 살아나 불을 지피게 되었다는 것이다.

어렸을 때 내게 하시던 어머님의 말씀이 생각난다. 해가 짧아진 겨울 초저녁, 일찍 저녁을 끝낸 후 잠자리에 들었다가 밤이 으슥해지면 그 따뜻하던 구들장은 싸늘해진다. 춥다며 자꾸 어머니 품 안으로 파고드는 나에게 "추울 때는 에미보다 모닥불이 더 낫단다." 어머니는 나를 가만히 밀어내며 방문을 열고서 캄캄한 밖으로 나가시곤 했다. 사랑으로 건넌방으로 그리고 안방 부엌으로 바삐 돌아다니시는 어머니의 신발 끄는 소리가 가늘게 들려오기도 하고, 간혹 '흠흠'하는 기침 소리가 들려오기도 한다. 식구들이 혹여 인기척에 놀랄까봐 자신임을 알리는 신호였으리라.

조금 후 마른 솔가지가 '타악탁' 꺾이는 소리가 나고 '투두둑탁' 아궁이 속에서 나무 타는 소리가 들리기 시작한다. 어둡고 추운 아궁이에 불을 지펴, 아궁이로부터 나오는 불빛으로 얼굴이 빨갛게 상기된 어머니의 모습을 생각하며 나는 점점 따뜻해지기 시작한 구들장의 온기를 느끼면서 아스라이 잠 속으로 빠져들곤 하였다.

까맣게 잊고 지냈던 기억들이, 시들어 재만 날리는 모닥불을 보자 갑자기 되살아나 어린 소녀 가장 H양과, 그리고 나의 어린 시절의 어머니를 아울러 생각나게 한 것이다.

추울 때는 에미보다 모닥불이 더 낫다고 하시던 어머니는 자신이 바로 그 모닥불이셨던 것을, 이제 50을 바라보는 나이가 가까워서야 비로소 깨닫게 된 것이다.

버스 안의 라디오에서는 지금 한창 노래가 흘러나오고 있다.

'…… 인생은 연기처럼 재를 남기고 말없이 사라져간 모닥불 같은 것…….'

버스는 천호대교를 지나고 있었다. 가로등의 불빛들이 강 아래로 길쭉하게 뻗어내려 이리저리 흔들리고 있다. 어느새 어둠이 거리를 덮어오고, 밝혀진 등불들은 빛을 발하고 있다.

강변도로에는 많은 차들이 밀려 있다. 신호를 기다리고 있는 한 승용차 안에는 젊은 부부와 두 아이가 편안하게 앉아서 즐거이 웃고 있는 모습이 보인다. 그들은 함께 즐거운 나들이를 가는 모양이다. 뒷좌석에 앉아 있는 아이들을 돌아보며 무슨 말인가를 건네는 엄마의 얼굴에는 미소가 가득하다.

강변도로에 인접해 있는 아파트를 올려다본다. 창문마다 따뜻한 불빛들이 환하게 비치고 있다. 군데군데 컴컴한 모습 그대로 있는 창문들도 더러 눈에 뜨인다.

버스에서 내려 신호등이 빨갛게 켜져 있는 건널목에 닿아 신호를 기다린다. 무섭게 달려가는 차량들을 보며 두려운 생각마저 든다.

파란 신호등이 켜진다. 모든 차들은 멈춰서고 나는 길을 건너간다. 어둠 속의 푸른빛이 도는 가로등을 바라보니 왠지 나 자신이 더 추워지고, 다리의 힘마저 빠지는 것 같다. 서둘러 집을 향해 걷기 시작했다.

집 가까이에서 바라본 우리 집 창문엔 아직 불이 들어와 있지 않다.

불현듯 캄캄한 부엌 아궁이에 불을 지피시던, 얼굴빛이 빨갛게 물든 어머니의 모습이 떠올라 코끝이 시큰해진다.

<『건강과 생명』 1997년 5월호>

놀이터 풍경

아이들의 떠드는 소리에 이끌려 밖으로 나와 복도에 서 있었다.

복도 난간에 턱을 기댄 채 앞을 바라보면 전망이 훤하게 트여 가슴속까지 시원해진다.

눈 아래의 놀이터에서 놀고 있는 아이들을 보고 있노라면 사회의 한 단면을 보는 것 같아 많은 생각을 하게 한다. 그래서인지 나는 이곳에 서 있기를 잘한다. 쨍쨍 내리쬐는 여름 한낮의 햇빛의 열기가 이제 조금 고개를 숙인 듯하다. 해가 설핏하게 지고 있어서인지, 후줄근하게 풀이 죽어 있던 풀잎과 나뭇잎들이 생기를 되찾은 것 같다.

놀이터 옆 화단에는 빨간 장미꽃이 탐스럽게 피어 있다. 봄에 피는 라일락과 진달래, 철쭉 그리고 꽃사과 잎들의 푸르름이 싱그럽다. 나는 여름꽃인 분꽃, 맨드라미, 도라지 그리고 백일홍, 채송화 등이 피어 있었으면 좋겠다는 생각을 한다. 아파트의 그늘이 놀이터 위에 길다랗게 드리워지기 시작한다. 서늘해진 놀이터에서 아이들은 하나같이 놀이에 열중해 있는 중이다. 이따금씩 큰 소리로 외쳐대기는 해도 그것은 즐거운 환성일 뿐이다.

여자 아이들의 소꿉놀이는 언제 보아도 귀엽다. 여러 가지의 색깔로 고루 갖추어진 소꿉놀이의 기구들이 바구니 안에 가득 쌓여 있다. 물통과 도마 그리고 칼도 있고 솥도 보인다. 음식을 담을 수 있는 그릇들도 여러 개가 있다. 벤치에 앉아서 소꿉놀이에 여념이 없는 아이들을 보면서 바람을 쐬고 있는 여인들의 모습도 보인다.

나는 미끄럼틀로 눈을 돌린다. 그곳은 더욱 요란하다. 미끄럼틀을 거꾸로 기어오르는 아이가 있고, 또 위에서 내려오는 아이가 어서 비키라고 소리치기도 한다. 그밖에도 시이소, 정글, 두 개의 그네에도 많은 아이들이 매달려 놀고 있다. 한쪽 귀퉁이에서는 여자 아이 둘이서 두꺼비집을 짓느라 한 손을 흙 속에 파묻고 다른 손으로는 흙을 다독이고 있다. 한 옆으로는 그 어느 곳에도 끼지 못하는 아이 하나가 이리저리 기웃거리며 돌아다니고 있다.

빨간 노을이 점점 잿빛으로 변해가도 있었다. 한참 법석을 떨던 아이들이 하나 둘 줄어들어 서너 명의 모습만이 보일 뿐이다.

갑자기 아이들의 떠드는 소리에 묻혀 들리지 않았던 풀벌레 소리가 크게 들려온다. 나는 거의 비어버린 놀이터를 둘러보고 있었다. 그 즈음 마침 비어있는 두 개의 그네 중 하나에 아까부터 주변을 빙빙 맴돌던 아이가 다가가 그네를 타기 시작한다. 다른 곳에 시선을 돌렸던 나의 귀에 웬 아이의 울음소리가 다급하게 들려와 그쪽으로 시선을 돌리니 그네를 타기 시작한 그 아이의 울음소리였다. 그의 둘레에 갑자기 그 또래의 사내아이들 셋이 다가와 그넷줄을 붙잡고 내리라고 하는 모양이다. 내리지 않겠다고 실랑이를 하는 울음소리가 점점 더 커지고 있었다. 마침 그곳을 지나가던 중국음식점 배달부가 그러지 말라고 소리를 치자 세 아이들은 눈치를 흘끔흘끔 보면서 놀이터 울타리 뒤로 가 숨는다.

잠시 울음소리는 들리지 않았다. 청년 배달부의 모습이 보이지 않게 되자 세 아이들이 서로 의미 있는 눈길을 주고받더니 또다시 그네 있는 곳으로 다가간다. 그것을 발견한 그네 위의 아이가 큰 소리로 울면서 "오지 마." 하고 저항한다.

그 옆에 비어 있는 그네는 그대로 놔둔 채 그 아이의 그네를 붙잡고 그를 억지로 내리게 하려고 한다. 견디다 못한 아이는 울면서 그네에서 내려오고 만다. 엄마를 부르며 놀이터를 나와 아파트 출입구로 들어오고 있었다.

그것을 보고 있던 세 아이들은 서로 얼굴을 마주 바라보고 득의의 미소를 지으며, 잡았던 그네를 놓아버리고 빠른 걸음으로 놀이터를 빠져 나와 옆 동의 출입구를 향해 갔다. 그러면서 연신 뒤를 돌아보곤 한다. 손을 잡고 걸어가는 세 아이들의 뒷모습을 보면서 나는 씁쓸한 기분이 드는 것을 어쩔 수 없었다. 그 세 아이들의 머릿속에는 오늘 있었던 일들이 어떤 모습으로 기억될까?

놀이터는 어두워지고 있었다. 이제 놀이터는 텅 비어 있다. 푸드득 소리를 내며 비둘기 한 마리가 날아와 앉는다. 아이들이 쏟아놓은 과자 부스러기들이 여기저기 흩어져 있다. 비둘기는 '구구

구구' 하며 먹이를 열심히 주워먹기 시작한다. 어느새 여러 마리의 비둘기들이 놀이터를 향해 날아오고 있었다.

<동인지 『사계』 제4집, 1995>

제2부

바람 부는 날

봄 꿈

나는 고향의 사랑 누마루 끝에 단발머리의 작은 소녀가 되어 서 있다.

꽃송이가, 작은 석류나무가 보이고 긴 줄기 끝에 나팔모양의 노란 난초 꽃이 피어 있다. 이제 막 새싹이 돋아난 국화꽃나무와 이 나무를 에워싼 듯한 개나리꽃이 노랗게 물들었다.

저 멀리로는 연한 분홍빛깔의 사과 꽃이, 그리고 우물가에는 배꽃이 하얗게 빛났다. 하얗기도 하고 자줏빛도 나는 장다리꽃은 온 마당을 꽉 메워버렸다. 나는 장다리꽃 사이를 이리저리 날아다니는 여러 빛깔의 나비들을 쫓아다니고 있었는데 그 중 하얀 나비를 잡기 위해 달려가고 있었다. 그러면 안 된다는 생각을 하면서도 기를 쓰며 쫓아가고 있었다.

그때 누군가가 뒤에서 부르는 소리에 뒤를 돌아보다가 꿈에서 깨어났다.

봄이라서 그런지 노곤하여 잠깐 자리에 누운 것이 그만 잠이 깜

박 들었던 모양이다. 뒷잔등에 싸늘한 촉감이 느껴진다. 개운치 않은 기분을 바꿔볼까 하여 문을 열고 복도로 나와 서 있었다.

요즈음 꽃샘추위라고들 하는데 겨울보다 더 추운 것 같다는 생각이 든다. 연 이틀 동안 내리는 눈과 소리내어 부는 바람은 한층 더 한기를 느끼게 한다. 맞은편 아차산의 나무들에는 지금까지도 잔설이 남아 저녁 노을에 붉게 물들어 가고 있다. 길 건너 보이는 주택들의 지붕에도 녹지 않는 눈이 있어서인지 왠지 차갑다. 도로변의 가로수 가지들이 세찬 바람결에 이리저리 흔들리고 있다.

어렸을 적 나는, 봄에 맨 처음 호랑나비를 보게 되면 평소하고 싶은 일이 이루어지고 흰나비를 보면 상(喪)을 당한다고 하여, 속으로 은근히 호랑나비를 먼저 보기를 간절히 빌곤 하였다. 호랑나비 보기를 소망하였던 내가 흰나비를 보게 되었던 어느 해의 봄철이었다. 그해 봄, 정녕 흰나비를 보았던 것일까.

30여 년 전, 저녁노을이 노랗게 지는 봄날 나의 어머니는 이승을 떠나셨다. 내 나이 열 네 살 나던 해였다.

우리 집안에서 오직 어머니 한 분만을 이길 수 있었던 막내딸인 나는 이제 아무도 이길 수 없게 된 것이다. 나는 그때 벼랑 끝에 홀로 앉아 있는 것처럼 막막함을 느꼈었다. 먼 곳에서는 아지랑이가 엷은 연기처럼 아른거리고 있었다. 자주 빛깔과 하얀 빛깔이 어우러진 자운영의 꽃송이들이 온 들판을 덮어버린 듯 보이기도 했다. 그곳으로 가야겠다는 생각에 나는 일어섰다. 그때 내가 의지하고 서 있던 밑바닥의 흙더미가 한순간에 무너져 내렸다. 그 무너지니 흙더미 속은 동굴처럼 어둡고 차가웠다. 그곳에 한 줄기 서광이 비치는 듯하다가 스러지기를 몇 번이나 했을까. 책은 어둠 속에 있는 나에게 빛으로 다가왔다. 나는 슬픔에 잠겨 눈물만 흘리고 있지는 않았다. 주위의 가족들은 안도의 숨을 내쉬며 하나 둘 나에게 멀어져 가기 시작했다.

얼마 후, 사랑의 신방돌 위에 아버지의 신발과 나란히 낯선 여자 고무신이 놓여있는 것을 본 순간 나는 목언저리로부터 시작한 한기가 등줄기로 이어져 내려오는 것을 느꼈다. 춥다는 생각이 들었다. 그리고 그런 세월이 얼마 동안 지속되었다.

차갑고 어두운 나의 동굴 속에 어느 날부턴가 해가 들기 시작했다. 밝고 따뜻한 땅, 평평하고, 단단한 땅 위에 내가 설 수 있게 된 것이다. 내 아이의 즐거운 웃음소리는 추위에 떠는 나를 따스한 반석 위로 올려놓았다.

그러나 어느덧 나는 중년의 나이에 이르렀다. 젊음도 잃고 이룬 것도 없이 텅 빈 들판에 홀로 서 있는 듯한 빠저린 회오의 중년, 아이들의 세계에도 남편의 세계에도 못 들어가고 마음만 서성대는 갈 데 없는 존재라고들 말하는 중년에 이른 것이다. 나는 다시 고가의 묵은 흙담이 무너져 내리는 소리를 듣게 되었다. 얼었다가 녹은 황토흙처럼 부슬부슬한 흙더미 위에 자신이 서 있는 것처럼 생각되었다. 그보다, 그러한 흙이 되어버린 것 같다는 생각이 드는 것은 어쩐 일일까. 나는 또다시 무너지는 흙더미 속으로 빠져들지는 않으리라. 부슬부슬한 황토 흙을 꾹꾹 두 발로 다져서 그 단단한 땅에 바로 서리라 다짐해 본다.

이제 다시 꿈을 꾸게 되면 나는 마당 가득하게 피어있는 장다리 꽃 사이를 날아다니는 여러 빛깔의 나비들 중에서도 특히 크고 화려한 호랑나비를 열심히 쫓아갈 것만 같다.

<동인지 『사계』 제4집, 1995>

담장과 담쟁이 넝쿨

지하철 안은 많은 사람들로 붐비고 있었다.

"다음 역은 갈아타는 역으로 00으로 가실 분은 이곳에서 3호선으로 갈아타시기 바랍니다." 하는 안내 방송을 들으며 나는 자리에서 일어나 출입구로 다가섰다. 벌써 여러 사람들이 몰려나와 있다.

출입구의 문이 열리자마자 떠밀리다시피 나는 밖으로 나왔다. 눈앞의 통로가 순식간에 사람들로 꽉 메워지고 만다. 갈아타는 역에서 흔히 볼 수 있는 현상이 이곳에서도 나타났다. 바삐 서두르며 뛰어가는 무리에 섞여 나도 덩달아 '3호선 타는 곳'을 향해 빨리 걸어갔다.

어느새 오르는 층계 앞에까지 왔다. 한 발을 층계 위로 올려놓으려는데 바로 앞의 사람이 움직이지를 않아 숙인 고개를 들었다. 나는 동작을 멈출 수밖에 없었다. 늙은 할아버지 한 분이 뒤를 돌아본다. 비켜가기 위해 옆으로 돌아서니까 그곳엔 또 웬 허리가 굽은 할머니가 서 있는 게 아닌가.

할머니는 작은 목소리로 무슨 말인가를 건네는 것 같았고, 내 앞의 할아버지는 곧 한 손을 내밀었다. 할머니는 그 손을 마주 잡았다. 그들은 한 계단씩 천천히 층계를 오르고 있었다. 주위 사람들의 수선스럽고 바쁜 행보에도 아랑곳하지 않고 다정스레 이야기를 나누며 간다. 많은 사람들이 그들을 지나쳐 앞서가고 있다.

나는 지금 '수필문학 세미나'에 참석하기 위해 가는 길이다. 시간이 여유가 있는 것은 물론 아니다. 그러나 나는 그분들을 앞지르지 않고 천천히 따라가기로 마음먹었다. 마치 이런 계단쯤은 아무 것도 아니라는 듯이 오르고 있는 그들을 보며 마음의 여유를 갖게 된 것이다. 한 계단 한 계단 오르면서, 힘드는 중에도 미소지으며 담소를 즐기는, 여유 있어 보이는 노부부의 뒤를 천천히 따라 올라간다.

연세는 얼마나 되었을까. 아마도 팔순은 족히 되어 보인다. 오랜 세월 살아오는 동안 넘어 왔을 인생의 가파른 고개를 과연 몇 굽이나 넘으셨을까. 그 험한 고개를 오르내릴 때마다 서로 손잡아 이끌어 주며, 또 자빠졌을 땐 일으켜 세워주면서 넘어 오지 않았겠는가.

하얗게 세어버린 머리와 굽은 허리가 되어버린 노부부의 모습을 본다. 그 모습에서는 오래된 고가와 그를 둘러싼 묵은 담장과 또 그를 뒤덮고 있는 담쟁이 덩굴의 모습이 연상된다. 담장처럼 튼튼하게 버티어 선 가장에게 담쟁이 덩굴 같은 연약한 여인이 기대어 있는 모습과 흡사하다.

담쟁이는 여름철에는 특이한 녹색 꽃을 피우며 열심히 가지를 뻗는다. 가을에는 고운 단풍으로 정원을 더욱 아름답게 꾸며주어 사람들에게 즐거움을 주기도 한다. 담쟁이는 넝쿨손으로 담을 붙들고 꽃바람에라도 떨어질까 봐 담장을 꽉 붙든다. 그러다가 혹시 떨어지기를 담쟁이는 또 몇 번이나 했을는지. 그럴 때마다 포기하지 않고 몇 번이고 다시 담장에 오르곤 하였을 것이다.

포근한 봄날의 축복도, 무서운 폭풍우나 엄동설한의 추위도 함께 견디며 서로 의지하듯 지내온 담장과 담쟁이의 모습. 그런데 담쟁이는 가늘기는 해도 튼튼한 줄기를 지닌 담쟁이 넝쿨로 서서히 변해간다.

그리고 많은 세월이 흐른다. 오랜 풍상으로 시달린 담장. 스스로는 지탱하기조차 어려운 상태로, 약한 바람과 조그만 울림에도 무너져 내릴 것만 같은 지경에 이르고 만다.

이제 담쟁이는 그러한 담장을 자신의 단단한 넝쿨로 허물어지지 않고 지탱할 수 있도록 붙들어 준다. 담쟁이 넝쿨의 지주의 역할을 했던 담장은 이제는 도리어 담쟁이의 도움을 받게 된 것이다.

비록 지주의 위치가 바뀌기는 했어도 결국은 서로 의지하며 서 있게 된 담장과 담쟁이 넝쿨의 모습 속에서 우리는 노부부의 모습을 볼 수 있다.

오 헨리의 작품 「마지막 잎새」에서 주인공 존시가 담쟁이 넝쿨에 붙어 있는 마지막 잎새가 떨어지는 것을 확인하기 위해 바라보던 때의 창 밖의 풍경이 떠오른다. 거기엔 이렇게 묘사되어 있다.

"한 줄기 늙디늙은, 뿌리가 쇠한 많은 담쟁이 넝쿨이 그 벽돌 담장으로 치뻗어 있다. 싸늘한 가을 바람은 담쟁이의 잎새를 떨어뜨려 넝쿨의 뼈만 남은 가지만이 무너져 가는 벽돌 담장에 앙상하게 매달려 있다."

일생일대의 걸작인 「마지막 잎새」를 남겨서 존시의 생명을 구하고 세상을 떠난 무명 화가 벨만 노인의 모습이 앞서 층계를 오르던 노부부, 특히 그 할아버지 위에 겹쳐진다.

띠리리리리링……. 벨 소리에 나는 갑자기 상념에서 깨어났다.

"지금 00행 열차가 곧 도착하니 승객 여러분께서는 뒤로 한 걸음씩 물러서 주시기 바랍니다."

안내방송이 들리고 열차가 천천히 역구내로 들어온다.

<격월간 『한국수필』 1995년 3·4월호>

바람 부는 날

옷깃에 스치는 바람결이 차갑다. 요즈음 부쩍 낮길이가 당겨진 것 같다. 파란 하늘을 바라보면서 깨끗하고 시원하다는 생각을 한다.

아차산 자락의 숲들이 갈색으로 물들어가고 있다. 한없이 푸르고 윤기 흐르던 나무 이파리들이 거칠거칠 빛을 잃어버린 모습으로 비쳐 온다.

햇빛에 눈이 부셔 와서 쳐들었던 고개를 내렸다. 앞집 정원 꽃사과 나무의, 담장 밖으로 휘어진 줄기에 빨갛게 익은 열매가 주렁주렁 달려 있다.

반질반질 윤기 나는 꽃사과가 예쁘기도 하고 맛있어도 보인다.

손을 뻗어 몇 알을 따낼까 하다가 그만둔다.

정원 가운데쯤의, 이제 막 붉어지고 있는 감나무와 그 옆의 노르스름한 모과 열매가 어우러져 보기에 좋았다.

푸른빛을 잃어가고 있는 정원 잔디밭에 노란 은행잎이 불어오는 바람 따라 날아다니고 있다.

문득 지난가을, 바람 부는 날, 그 정원을 떠났던 노랑나비 하나가 생각난다.

활짝 핀 진달래, 개나리, 철쭉 등에 에워싸인 정원에 막 돋아난 파란 잔디밭에서, 노란 옷을 입고 머리를 뒤로 묶고서 등에는 빨간 베이비 배낭을 맨 채 양손에 예쁜 인형을 들고 놀던 서너 살쯤 되어 보이는 아이가 떠오른다. 아이는 양손을 수평으로 벌리고 크게 원을 그려가며 돌기도 하고, 이리저리 뛰어다니다가 앉기도 하고 서 있기도 하면서 혼자 놀고 있었다.

한 마리의 노랑나비와 같았다. 그 정경이 아름답다는 생각에 홀린 듯이 쳐다보는 나를 향해 손을 흔들며 방긋 웃는다. 아마도 내 눈길을 느낀 모양이다.

아이의 이름은 은희였다.

앞집에는 초로의 부부가 살고 있었다. 자신들의 아이들이 성인이 되어 외국에 나가 살게 되자 그 집안은 텅 빈 둥지나 다름없게 되었다.

그때 마침, 거두는 이가 없어 딱한 처지에 놓이게 된 은희가 그들 부부의 눈에 띄게 되어 양녀로 들어오게 된 것이다.

처음 내 앞에 나타난 아이는 새카만 얼굴에 버짐이 많이 피어 있고 머리 결은 하늘을 향해 솟아 있었다.

겁먹은 눈을 하고서 주위의 사람들을 무척 경계하는 눈치였다.

저를 쳐다보기만 하여도 양어머니의 치마폭 속으로 파고들기를 잘했다.

한시도 엄마의 치마꽁지를 놓지 않는 것 같았다. 심지어 자면서까지도 손을 놓지 않는다는 것이다.

그러던 아이는 점점 시간이 지나면서 엄마를 떠나 밖에 나가 놀기도 하였다. 물론 중간 중간에 집에 돌아와 엄마가 있다는 것을 확인하곤 했다. 그러나 주로 집안 정원에서 놀기를 좋아하였다.

어쩌다 길에서 나와 만나게 되면 "아줌마!" 하며 내 품안으로 안겨오기도 한다.

그 아이가 안길 때마다 왠지 가슴이 찡해지며 눈물이 나려고 했다.

그러다 보니 변변하게 예뻐해 주지도 못하고 고개를 돌려버리곤 하였다.

아마도 아이는 옆집에서 거의 매일 저 노는 모습을 미소지으며 즐거이 바라보아 주는 내게 친근감을 느꼈던 모양이다.

은희의 얼굴에 생기가 돌아와서 예뻐진 모습과 양부모의 즐거워하는 모습을 보면서 내게도 그러한 기회가 주어질지도 모른다는 희망을 잠시 동안 가져보기도 했다.

아이가 그 집에 온 지 근 2년이 되어 가는 어느 가을날 우연히 길에서 그 애를 만났다.

"아줌마, 안녕하세요? " 하며 두 손을 곱게 앞으로 모으면서 나에게 인사를 해 왔다.

"아휴! 은희가 이제 많이 컸구나, 아주 예뻐졌네." 하였더니 아이는 좋아서 팔짝팔짝 뛰면서 제 가던 길을 달려갔다.

그런 며칠 후 그 예쁜 노랑나비는, 차가운 가을 바람이 부는 어느 날, 아름다운 정원 모서리에서 멀리 날아가 버렸다.

집안 일을 열심히 하던 아이의 엄마는 아이의 얼굴이 보이지 않는다는 사실을 깨달았다. 정원을 둘러보아도 없었고, 밖으로 뛰어나가 아이 이름을 불러 보았어도 아이의 대답소리가 들리지 않았다.

급기야 이웃사람들과 함께 이곳저곳을 찾아다닌 끝에 그 집 정원의 후미진 연못 속에서 아이를 발견해 내었던 것이다.

구급차에 실려 병원으로 옮겨간 뒤 아이는 되돌아오지 못했다.

봄철에 새로 돋아난 연초록의 이파리처럼 귀엽고 예쁜 그 아이는, 은행나무의 노란 이파리가 바람결에 낙엽 되어 떨어지는 가을에 멀리 가버린 것이다.

그 정원은 또다시 텅 빈 둥지가 되어 버렸다. 그리고 정원 귀퉁이에 제법 운치 있게 만들어 놓았던 연못도 이내 메워지고 말았다.

정원으로부터 찬바람이 불어온다.

다듬고 있는 내 앞의 배추 잎에 노란 은행잎이 한 마리의 노랑나비가 되어 사뿐히 날아와 앉는다.

눈을 들어 길가에 서 있는 노랗게 물든 은행나무를 바라본다. 땅에 떨어진 은행잎이 노랑나비처럼 바람이 부는 대로 이리저리 날아다닌다.

빈 정원을 지나온 바람이 차갑게 옷깃을 스치며 지나간다.

<계간『열린문학』1995년 가을호>

코스모스 추억 속의 만남

사각사각 흔들리는 산갈대의 소리에 나는 스산한 마음이 된다.

골짜기의 잡초가 무성하게 자란 뙈기논의 논둑 끝에 움푹 패인 물꼬자리가 그래도 예전에 논이었다는 것을 말해주고 있다.

아이들이 그 곳에서 개구리를 잡으며 재잘대기도 하였던 곳이다. 조금 높은 둔치의 뙈기밭에는 여전히 밭작물이 재배되고 있다. 잔양이 막 드리우기 시작한 둔치의 밭 중간쯤에 빨갛게 익은 고추가 탐스럽게 매달려 있다.

아이들의 그림자는 하나도 찾아볼 수가 없다. 몇 해 전까지만 해도 밤이 채 영글기도 전에 마을의 조무래기들이 밤골을 중심으로 몰려다니곤 했는데, 밤나무를 흔드는 아이, 돌을 던지는 아이, 그 던진 돌에 혹은 떨어진 밤송이에 머리를 맞은 아이가 아프다고 비명을 지르는 소리로 온 골짜기가 떠들썩하기도 했었다.

물통을 손에 들거나 등에 짊어진 사람 몇이서 도란도란 얘기를 나누며 산길을 내려오고 있다.

푸드득 날아오르는 까치소리에 눈을 들었다. 색이 바랜 가을산 너머 아스라이 파란 하늘 아래로, 한 조각 하얀 구름이 두둥실 떠다닌다.

가을은 역시 천고마비의 계절이다. 높고 푸른 하늘을 우러러보고, 가을 하늘을 날아오고 날아가는 철새들의 이동을 바라다보는 계절.

오솔길 옆 나무들이 단풍 든 이파리들을 하나 둘씩 바람에 빼앗기며 아쉬운 듯 서 있다. 한적한 약수터 벤치에 앉아 주위를 둘러본다. 몇 사람이 약수통을 대놓고 평상에 둘러앉아 담소하고 있는 모습이 저만치에 보인다.

새로 만들어진 원형의 야외공연장이 텅 빈 채 동그마니 앉아 있는 모습이 을씨년스럽기만 하다. 아무렇게나 뿌려진 듯 흩어져 피어 있는 들국화의, 색이 바랜 노란 꽃잎들이 바람에 날아다닌다. 공연장 둘레에 무리 지어 피어 있는 철늦은 코스모스가 석양빛과 어우러져 바람에 흔들리는 모습을 보면서, 나는 그 꽃이 매우 곱다는 생각을 했다.

코스모스를 닮은 한 여인이 있었다.

그는 가냘프고 연약하여 쓸쓸해 보이기도 했다. 단아한 한복차림으로 쓸쓸한 미소를 짓고 있어도 다정한 감을 느끼게 해 줘서, 그와 함께 있으면 저절로 마음이 평화스러워지곤 했다.

그를 처음 만나게 된 것은 70 년대 후반, 종로5가 기독교회관의 어느 모임에서였다. 참석자들은 거개가 수난기에 들어섰던 사람들이었는데, 그 때 그는 조용한 몸짓으로 슬픈 미소를 지으며 다정스레 내게 다가왔었다. 나는 그저 그미도 나와 같이 춥고 어려운 처지에 있는 분일 것이란 막연한 생각만을 했었다.

핍박받으며 억울해 하며 슬퍼하는 이들이 모이는 곳에는 언제나 그미도 함께 있었다. 그런 그와 함께 이곳저곳 다니면서 많은 이야기를 나누며 보내는 시간은 즐거웠다. 그는 분명 나에게 마음의 평화를 주었다.

그리고 언제부터인가 나는 그렇게 분주하고 소란스런 그 곳으로부터 멀리 떠나와 있었다.

심령이 가난하여 고통스러워하던 시절을, 그리고 다정한 미소의 그 여인까지도 나는 까맣게 잊어버리고 말았다. 그와 함께 있지 않아도 나는 얼마든지 즐겁기도 하고 마음이 편안할 수가 있었기 때문이리라. 그러면서도 간혹 그 코스모스와 같은 슬픈 미소가 언뜻 스쳐 지나가기는 했었다.

그 때 초등학교 학생이었던 나의 아이들이 이제는 모두 대학원생들이 되었다.

어느 날 문득 텅 빈 집안에 홀로 남아 있다는 생각이 들게 되었을 때, 몹시 외롭고 쓸쓸한 느낌에 젖어들게 되었는데, 어떤 때는 기대어 선 벽을 떠나 허공에서 흔들리는 사다리에 올라선 듯 어지럼증이 엄습해 오기도 하였다. 거기에서 탈출하기 위해 많은 글을 읽으며, 또 쓰는 일에도 열중하기 시작했다.

그러던 어느 날, 김소운님의「외투」를 읽게 되었다. 그 요지는 이러하였다.

영하 40도의 북만주로 떠나는 친구 청마(靑馬)는 외투를 입지 않았다. 마음으로는 따뜻한 외투를 벗어 주고 싶지만 자신 역시 외투를 입지 아니한 것을 생각해 낸 그는, 외투 대신 자신의 스승에게서 물려받은 프랑스 제 '콩크린' 만년필을 청마의 손에 쥐어 주었다는 것이다.

그리고는 그 때의 그 심정을 그는 후에 이렇게 썼다. "만년필은 외투도 방한구도 아니련만, 그 때 심정으로는 내가 입은 외투 한 벌을 청마에게 입혀 보낸다는 그런 기분이었다."

이렇듯 따듯한 마음을 소유한 김소운 님은 내가 아는 어느 여인과 많이 닮아 있었다. 앞서 코스모스를 닮았다던 그 여인은 바로 이 김소운 님의 아내인 김한림 선생이었다.

14년이란 긴 세월 동안을 망명생활로 보내야 했던 이를 남편으로 가진 여인.

자신이 처한 위치가 그리 좋은 것만은 아니면서도 이웃의 억울하고 어려운 사정에 더 발벗고 나서서 그들과 함께 뛰어다니던 여인.

그미의 슬픈 미소 속에 배어 나오던 아름다움을 그제야 알 수 있을 것 같았다. 아픔을 견디며 얻어낸 진주를 가슴에 품은 여인이라고나 할까.

또다시 내가 그 때처럼 춥고 외롭거나 어려운 처지에 놓이게 되어 다급하게 달려가면, 그 곳에 그가 있어 조용한 미소로 나를 반기리라는 생각이 들기도 했었다.

지난여름 어느 지면에서 김한림 선생 1주기 추모회에 다녀왔다는 어떤 이의 글을 읽게 되었다.

"그 분이 죽어 그토록 기다리며 애태우던 사랑하는 이와 함께 누워 있다."고 그는 쓰고 있었다.

낙엽 하나가 발 아래로 떨어진다. 수명이 다하여 땅으로 떨어지는 낙엽 때문일까. 즐겁고 기뻤던 일보다는 가슴이 아프고 고통스러웠던 시간들이 아련한 그리움으로 다가온다.

조락(凋落)의 이 가을에 그가 가냘픈 코스모스 사이에 서서 다정한 미소를 지으며 조용히 나를 바라보는 것만 같다.

지금 바람에 흔들거리는 저 코스모스도 씨앗들을 떨어뜨리고 그 자리에 스러지겠지……. 그 씨앗 하나, 가을바람과 함께 내 가슴에 날아와 떨어지기를, 나는 오늘 따라 소망해 본다.

<동천 화갑기념문집 『사랑, 그 영원한 만남을 위하여』, 1999>

비 상(飛翔)

무심하게 신문을 뒤적이던 나는 한 작은 그림에 눈길을 멈추었다. 새끼를 돌보고 있는 백로의 모습을 담은 사진이었다. 사진과 함께 실린 글의 내용은 새끼를 기르는 백로에 관한 이야기였다.

백로는 일부일처제를 철저히 지킨다고 한다. 밤에는 소나무나 대숲 속에서 잠을 잔다고 했다. 백로는 소나무 가지 위에 큰 접시 모양의 둥지를 만들어 알을 낳고 새끼를 기르는데 암수 교대로 먹이를 물어다 먹이며 기른다고 하였다. 여름철 철새로서 햇볕에 노출된 새끼를 보호하기 위해 자신의 날개를 펴 그늘을 만들어서 새끼를 돌본다고 했다. 또한 새끼를 잡아먹으려고 둥지 안으로 접근해 오는 뱀과 같은 동물과는 필사적인 한판 승부를 벌이기도 한다는 것이다.

하지만 새끼가 발을 잘못 디뎌 둥지 아래로 떨어져 한쪽 발로 둥지를 붙들고 발버둥을 쳐대도 백로는 그냥 모른 체한다는 것이다. 지금까지는 지극한 정성과 사랑으로 새끼를 기르던 백로도 일단 제 둥지 밖으로 나간 새끼는 돌볼 수가 없는 모양이다. 둥지 안에 있을 때만 돌보는 것이 가능하다는 것이다. 백로는 열심히 입을 크게 벌리는 둥지 안의 새끼에게만 먹이를 먹인다고 한다. 그렇게 해서 자라난 백로는 아름다운 모습으로 하늘을 날 수 있다고 했다.

나는 백로를 좋아한다.

순백색의 청아한 모습을 자랑이나 하듯이 푸른 솔가지 위에 앉아 있는 백로의 모습을 발견할 때 나는 마음이 설레곤 했다. 청솔가지 위를 날아다니는 하얀 백로들의 군무는 가히 환상적이라 할 만한 것이었다. 붉게 물든 저녁놀을 뒤로하고 긴 목을 빼어든 채 먼 곳을 바라보고 서 있는 고고한 백로의 모습을 대할 때 나는 마음이 숙연해지기도 했다.

옛날부터 깨끗하고 하얀 백로는 청렴결백한 선비로 비유되어 왔다. 백로의 모든 자태는 아름답다. 그 중에서도 자신이 앉아 있던 솔가지를 차내면서 파란 창공으로 힘차게 날아오르는 그 모습은 참으로 아름답다.

대개의 사람은 하늘을 날아보고 싶어한다. 사람은 구속으로부터의 자유를 갈망하며 살아간다. 산을 오르는 이는 이제까지 자신이 몸담아 살아오던 곳을 떠나 자연과 만나기 위해 산을 찾아간다. 그들은 그곳에서 짧은 시간 동안이나마 자연과 동화되어 자유를 얻는다.

어지럽고 혼탁한 속세에서 사악함을 떨쳐버리기 위해 사리암

(邪離庵) 같은 곳을 찾아 나선 사람들도 역시 그러한 소망에서일 게다.

어렸을 때 나는 언니의 수틀 속에서 하늘을 날아오르던 학의 모습을 보며 나 역시 날아 보고 싶었다. 나는 백로나 학의 비상을 보면 그들과 함께 날아오르는 듯한 착각에 빠지곤 한다.

학의 품에 안겨 날고 싶어했던 사람의 이야기가 있다. 이청준의 「선학동의 나그네」에서 이런 비상하는 이야기가 있다.

마을은 옛부터 선학동이라 하였다. 까닭인즉, 마을 앞 포구에 밀물이 차 오르면 관음봉이 문득 한 마리 학으로 그 물 위를 날아오르기 때문이다. 포구에 물이 들면 관음봉의 산 그림자가 거기에 떠올랐다. 그런데 그 물 위로 떠오르는 관음봉의 그림자가 영락없는 비상 학의 형국을 자아냈다. 그래서 관음봉은 한 마리 학으로 물위를 떠돌았다. 선학동은 그 날아오르는 학의 품안에 안겨진 한 마을인 셈이었다.

선학동 사람들도 역시 하늘로 날아오르기를 소망해서 그런 이야기가 그들 사이에 전해져 오는 것은 아닐는지……. 마을 앞 포구에 물이 들어올 때마다 선학동 사람들은 학의 품에 안겨 학과 함께 날아다니곤 했을 것이다. 자신들이 처한 한과 설움울 떨쳐버리고 이상향을 향해 날아오르고 싶은 소망에서 그들은 그러한 전설 속에 스스로 들어가기를 원했을 것이다.

나는 가끔 백로나 학의 비상을 보면서 그들과 함께 나 자신이 하나가 되어 날아오르는 환상을 보곤 한다. 그럴 때는 몸이 마치

새의 깃털처럼 가벼워지는 것도 같다.

자신이 앉아 있던 둥지나 솔가지를 차내고서 창공을 향해 힘차게 날아오르는 백로의 모습에서는 휘황한 빛이 났다. 그 모습을 바라볼 때 나는 지금까지 나를 구속하였던 모든 소유로부터 벗어나 자유를 얻을 수 있었다. 백로의 비상은 나에게 무한한 희망을 주고 또한 신비한 황홀감마저 느끼게 해 주었기 때문이다.

<동인지 『사계』 제5집, 1996>

희 망

어디선가 시큼한 냄새가 풍겨오는 것 같아 숙인 고개를 들어보니 저 앞으로 노란 작업복을 입은 환경미화원 아저씨가 쓰레기 수거용 수레를 끌고 가고 있다. 이러한 경우에 나는 힘든 작업을 하는 모습에 고마움을 느끼기는 하지만 걸음을 빨리 해 그곳을 벗어나곤 한다. 얼마 전까지 주택가인 이 마을에서 살았었다. 비록 길 건너 새로 생긴 아파트단지로 이사갔지만 이곳에 가끔 놀러오기를 잘 한다.

동네의 많은 집들은 아직도 대문을 열어놓고 살고 있다. 무엇보다도 그들을 만나 이야기를 하다보면 살아 움직이는 힘이 느껴져 나까지도 활기가 생겨서 좋았다.

전에 살던 집 앞을 지나치려니 문득 생각하는 사람이 있다. 키가 작고 몸집까지 아주 작은 미화원 아저씨다. 아파트와 달리 단독주택은 쓰레기 수거비를 집집마다 매달 조금씩 부담하고 있는데 미화원 아저씨가 직접 받아가곤 하였다. 그때 내 앞에 선 미화원은 아주 작았고 몸이 약해 보였다. 그 몸으로 어떻게 무거운 수레를 끌 수 있을까 의심이 갈 정도였다. 나중에 보니 다른 이 보다 조금 작은 수레를 사용하여 쓰레기를 여러 번 나눠서 가지고 갔다.

그러던 아저씨가 하루는 이제 오늘이 마지막이 될지도 모르겠다며 "복 많이 받고 잘 사세요." 한다. 무슨 일이냐니까 도로변을 청소하게 되어 옮겨가게 될지 모르겠다며 앞으로 1년만 더 주택에서 일을 했으면 좋겠다고 했다. 아들이 대학 4학년이니 졸업 때까지 만이라도……. 말끝을 흐린다. 졸업을 한다고 해서 금방 취직하기도 힘들 텐데 어느 대학이냐고 물었다.

00대학교 공과대학이란다. 놀라는 내게 잘 먹이지도 못하는데 공부 잘해서……. 이어서 둘째는 형과 같은 대학에 올해 시험을 치렀는데 1지망에서는 떨어지고 2지망에서는 합격되었지만 1년 더 재수를 하겠다며 지금 공부하는 중이라고 하였다.

그렇구나. 아저씨는 힘에 부치는 일을 하면서도 다른 구역보다 훨씬 깨끗하게 수거해 가며 즐거이 일하던 모습이 생각난다. 마을의 집집마다 돌아다니며 덕담을 하여 사람들에게 기쁨을 주던 아저씨다.

후에 안 일이지만 그 큰아들은 힘들게 일하는 아버지를 도와 새벽에 쓰레기 수거를 거들어서 수레를 밀어주고 나서야 학교에 가곤 했다 한다. "일년만 고생하세요."라며 아버지를 위로한다고도 했다.

편안하게 공부할 수 있는 방도 마련해 주지 못하고 잘 입히지도 먹이지도 못한 부모는 안타깝고 안쓰러운 아들에게서 그 말을 들을 때 왜 기쁘지 않겠는가.

아들 자랑에 힘드는 줄도 모르는 미화원 아저씨의 작은 체구를 바라보면서 이 땅의 부모들 특히 힘들고 어렵게 살아가는 부모들의 보람이 무엇인가를 알 수 있을 것 같다.

그들이 기진맥진 쓰러지지 않고 버티는 힘은 바로 그들에게 희망이 있기 때문이다. 사람은 누구나 크건 작건 희망을 갖고 살아가기 마련이다. 남의 집에 세 들어 사는 사람은 적은 평수의 집이라도 마련하고 싶은 희망이 있어 생활비를 절약하여 저축하며 힘드는 것을 참고 살아간다.

자기가 못 배운 것이 마음에 한으로 남아 있지만 자식에게는 공부시키기 위해 자신의 몸을 희생한다. 그러나 그들은 희생한다고 생각하지 않는다.

희망은 살아갈 수 있는 힘을 주고 기쁨은 준다. 희망하는 일이 이루어졌을 때 큰 기쁨을 느끼지만 그렇지 못한 경우도 많다. 많은 것을 가지고 있고 이루고 싶은 희망사항이 없을 정도의 부자가 있다고 하자. 또한 부족한 것이 많은 가난한 사람이 희망을 가지고 살아간다면 누가 더 기쁨으로 살아 갈 수 있을까?

그 희망은 고대광실의 주인일 수도 있고 아름다운 정원이 있는 집의 주인일수도 있을 것이다. 이처럼 세상에서 살아갈 때 이루고 싶은 희망을 가진 사람은 그 소망이 이루어지기까지 견디기 어려운 고난도 참고 이겨내야 하리라. 그러나 마음속에 희망 하나를 품고 있다면 살아갈 수 있는 힘을 얻게 되고 또한 기쁜 마음으로 살아갈 수도 있을 것이다.

<『기독교수필』 제4집, 1994>

강물은 흘러가는가

어둠에 묻혀 있는 강물을 바라본다.

은색의 빛깔로 누워 있는 강은 마치 정지해 있는 것처럼 고요하다. 그러나 세찬 물살의 힘으로 유유히 흐르고만 있는 강!

강의 양안(兩岸)을 이어 주는 아치 곡선을 이룬 88대교의 오렌지빛 가로등. 강변도로의 기나긴 행렬을 따라 그 가로등의 노란 불빛들이 강의 수면 위에서 흔들리는 불기둥이 되어 춤추고 있다.

엷어지기 시작한 안개는 그 높이가 점점 높아만 간다.

새벽 안개 탓인가.

텅빈 성의 성벽같이 보이는 강 건너의 불꺼진 아파트 건물들이 어쩌면 안개에 묻혀 사라져 버릴는지도 모른다.

그리 멀지 않은 중앙병원의 밤새 꺼지지 않는 희미한 불빛은 왠지 내 마음을 쓸쓸하게 하고 있다.

저 아래 철교 위로 푸른 빛깔의 전동차가 느릿느릿 기어가는 누에고치의 움직임처럼 미끄러지고 있다. 강변역을 떠나 한강 다리

위를 지나고 있는 저 열차는 돌고 돌아 다시 이 강변으로 되돌아 올 것이다.

가로등의 불빛은 점점 빛을 잃어가고 있다.

이리저리 흔들리는 강물 위의 불 그림자 속에 피곤기에 젖은 한 초췌한 여인의 모습이 어른거리고 있다.

간밤 꿈을 꾸었다. 많은 사람들이 몰려나오고 있다.

열차의 문이 열리자마자 물밀듯이 내려선 사람들, 몸체는 어디로 갔는지 보이지 않고 얼굴들만 내게 바짝 다가와 왠지 현기증이 느껴지는 그런 모습이다.

그들은 바삐 계단을 오르기 시작했는데, 먼저는 평지의 길로 뒤엔 메마른 황무지를 거쳐 거친 오르막길로 방향을 잡아가고 있었다. 무심히 바라본 곳은, 가시덤불과 잡초가 무성하여 길도 있을 것 같지 않은 산이 구름인지 안개인지에 감싸여 희미하게 보였다.

조금씩 앞서 가기 시작한 사람들의 뒷모습은 등에 짐을 짊어진 그런 모습이었다. 그들 모두 말이 없어 보였는데, 신음소리 같기도 하고 한숨소리 같기도 한 웅얼거림 역시 바람소리가 아닌지 모르겠다.

그들 모두 산 정상을 향해 가고 있다는 생각이 들었다.

그 때였다.

"아아, 외롭다. 고독하다." 하는 중얼거림이 들려왔는데, 귀에 익은 소리였다.

그 소리를 찾아 나는 두리번거렸다.

그들 무리 속에서 약간 밀려나와 힘겹게 산을 오르고 있는 한 여인이 내 눈 안으로 들어왔다.

그에게는 다른 이들보다 더 큰 보따리가 있었는데, 그것은 양손에 들려져 있었다.

힐끗 뒤를 돌아다보는 그의 핏기 가신 얼굴은 "외롭고 고독하다"는 표정이 역력했고, 그 입은 무언가를 중얼거리며 한 걸음 한 걸음 발을 옮기고 있었다.

"큰 언니." 엉겁결에 소리쳐 부르다 나는 잠에서 깨어나고 말았다.

나는 더 이상 잠자리에 누워 있을 수가 없어 거실로 나와버리고 말았다.

인생이란 풀잎에 맺혀 있다 떨어지는 아침 이슬방울 같다고 하던데…….

늦은 밤이나 또는 이른 아침에 울리는 전화벨 소리는 언제나 가슴을 철렁 내려앉게 하기 마련이다.

요즘 들어 고향 쪽에서 전해져 오는 소식은 나의 마음을 무겁고 우울하게 만든다.

마음이 고요하지 못한 까닭에 가닥이 잡히지 않아 한 줄의 글도 쓰지 못하고 서성거리던 어제 아침.

새벽에 배달된 조간 신문을 뒤적이다가, 대선 후보들에 대한 기사를 들여다보다 심란한 생각이 들어 잠시 눈을 감고 있었다.

크게 울리는 전화벨 소리에 나는 혹시 글 독촉 때문이 아닐까 하는 생각도 잠시, 설마 이런 시간에…….

"너, 어디 아프냐?" 수화기 속으로 전해져 오는 목소리는 큰언니였다. 고향보다는 서울에 올라와 사는 형제가 더 많아 집안의 대소사를 전해주는 언니다. 소식 중에는 좋은 일보다는 슬프고 마음 아픈 일이 더 많아 언제나 가슴이 내려앉기가 일쑤였으므로 나는 '무슨 일이냐'부터 묻곤 한다.

"궁금해서……"로 말을 꺼내기 시작한 언니는 외롭다, 고독하다를 중간 중간 끼워 넣으면서 이야기하기 시작했다. 거기는 그만 가라고, 산 사람은 살아 있는 사람들하고 살아가야 하지 않겠느냐고 나는 말했던 것 같다.

"그래 네 말이 맞다. 잘 있거라." 전화는 끊겼다.

흔들림 없이 살아오던 언니가, "작은오빠의 죽음 앞에서 느끼는 건 허망함뿐이더라."……는.

그의 말을 들을 때마다 무엇이 언니로 하여금 그처럼 외롭고 고독한 생각이 들게 하였을까를 나는 생각지 않을 수 없었다.

그 동안 여러 번의 대수술로 사경을 헤매기도 하면서도 강한 삶의 의지를 보여 왔던 60중반의 언니였다.

무엇이 언니로 하여금 망월동 근처를 그토록 배회하게 만드는 것일까.

오빠가 묻혀 있는 망월동에 불쑥 불쑥 찾아가, 거기 누워 있는 이와 함께 대화를 나누고 외로움 · 고독함을 이야기하며 아직 무성하지 못한 무덤의 잔디를 쓰다듬는 언니의 마음을 알 수 있을 것도 같았다.

언니에게는 지금 자신의 외롭고 고독함에 대해 얘기를 나눌 수 있는 사람이 아무도 없는 것이다. 이런 해뜨기 전 새벽녘의 견디기 어려운 시간에 느껴지는 뼈저린 고독에 대항해서 동맹을 맺을 수 있는 사람이 아무도 없다고 생각하는 것일 게다.

인간은 어디까지나 타인과 서로 교통하며 살아가는 사회적 존재.

우리는 홀로 외로이 있을 때 고독하다고 한다.

또한 모르는 사람들 속에 섞여 있을 때 더욱 고독하고, 서로 나눌 대화를 잃어버려 따뜻한 정을 나누지 못할 때 고독을 느낀다.

나와 너와의 생명력이 있는 따듯한 공감대가 느껴질 수 있는 대화가 있어야 고독에서 빠져 나올 수 있는 것이다.

나는 어제의 덮어 버렸던 신문을 다시 펼쳐본다. 대선 주자들의 모습을 보면서 백범 김구선생과 우남 이 박사를 생각했다.

한 인간이 죽어 한 평의 무덤으로 남게 되지만, 살아 남은 자들의 기억 속에는 항상 살아 있을 때의 모습으로 남아 있기 마련이다.

그래서 사람들은 죽어가면서도 남은 자들에게 좋은 모습으로 기억되기를 바란다.

사람은 누구나 자신이 사랑하는 자녀나 아끼는 사람들에게 "잘 살아야 한다"고 말한다.

여기서 잘 살아야 한다는 것은 물질적으로 풍족한 삶을 의미하는 것도 되겠지만, 그보다는 세상을 올바르게 살아가야 한다는 의미가 더 있는 것으로 보인다.

언젠가 남산에 올라가 서울 시내를 내려다본 적이 있었다.

참 많은 사람들이 살고 있구나 하는 생각을 하였다.

지금 이 곳에 살고 있는 사람들 중 100년 후에는 몇이나 살아남을 수 있을 것인가.

그 때도 백범 김구 선생의 기념비 앞에서 우남 이 박사를 생각했던 것 같다.

해방 직후 혼란한 정국 가운데 우뚝 선 두 거목. 두 사람 모두 나라와 민족을 위해 한 길을 가는 듯했지만 조국에 돌아온 그들은 각자 제 갈 길을 가느라 서로 견제하기도 하고, 때로는 나라를 아끼고 걱정하다가 한 사람은 흉한의 총에 의하여 비명에 세상을 떠나고, 남은 한 사람은 국부라는 칭호를 받으며 권좌에 올랐다가 4, 19 이후 외롭게 생을 마감했다.

그들 모두 떠난 지금 살아 있는 우리들의 머리 속에는, 국민들의 힘에 밀려 쫓기듯이 하와이 피난길에 오르던 초라한 늙은이의 모습보다는 먼 산하를 굽어보는 듯한 백범 김구 선생의 유유자적한 모습이 선명하게 남아 있는 것이다.

날이 환하게 밝아오고 있다.

등교하는 학생들의 걸음걸이가 활기차 보인다.

학교 담장 아래로 나 있는 인도를 꽉 메우고 걸어가는 그들의 등에는 무거운 책가방이 메어져 있다.

나는 그들의 모습을 바라보며 우리들이 무겁고 우울한 상처 투성이의 삶을 살아가면서도 희망이 있다는 생각을 하게 된다.

아침 햇살에 잔잔한 강물은 반짝반짝 빛나고 있다.

조용하게 흐르는 듯이 보이는 저 강.

그러나 산 굽이굽이를 돌아 나오며 모든 소용돌이를 가슴 속 깊이 품어 안고 흐르는 센 물살의 힘을 나는 오늘 따라 더욱 느끼지 않을 수 없다.

<동인지 『사계』 제6집, 1997>

얼 굴

내가 앉아 있는 자리의 맞은편 통로에 이제 두 돌이 되지 않은 듯해 보이는 아이가 서 있었다. 움직이는 지하철의 반동으로 자꾸만 넘어지려는 몸의 균형을 잃지 않으려 아이는 애를 쓰고 있다. 그것도 잠깐, 결국 기우뚱거리던 아이는 엉덩방아를 찧고 만다.

옆에 서 있는 아이 엄마의 모습은 요즘 흔히 볼 수 있는 소위 미시(missy)족이라 불리는 엄마의 모습과는 달랐다. 아직은 어색한 듯하기는 해도 평범한 아줌마의 모양새를 하고 있었다.

넘어져 있는 아이의 손을 잡아주려고 하지만 아이는 자꾸 제 엄마의 손을 뿌리치곤 한다. 비틀거리는 아이를 그 바로 앞 비어있는 자리에 앉히려 해도 막무가내다.

하는 모양이 귀여워서 웃으며 쳐다보는 나를 향해 빙긋 웃고는 또 손짓을 하기도 한다. 그 손길을 따라 함께 나를 바라보는 젊은 엄마의 얼굴은 수더분해 보였다.

아들을 바라보는 엄마의 얼굴이나 엄마를 보는 아이의 얼굴 모습이 보는 이로 하여금 편안하고 푸근한 감을 갖게 하는 점이 닮아 있었다. 그들을 바라보는 내 마음까지도 상쾌해진다.

우리가 살아가면서 대하게 되는 사람의 얼굴 모습은 제 각각이다.

처음 사람을 만나게 되면 서로 대화를 나누기도 전에 그 사람의 얼굴부터 먼저 대하게 된다. 그래서 첫 인상은 매우 중요하다고 한다.

인상이 별로 좋지 않아 경계심을 갖게 하는 사람, 어쩐지 어딘가 빈 듯해서 어수룩해 보이는 사람, 어느 자리에서나 익숙하지 못해 어색한 얼굴 모습을 하는 사람도 있다.

편안하고 부드러운 감을 주는 사람이 있는가 하면, 어쩐지 어렵고 긴장하게 만드는 사람이 있는 것이다.

후자의 경우 오랫동안 사귀다 보면 강하게 보이던 첫 인상과는 달리 의외로 마음이 여려서 상처받기를 잘하거나 마음이 따뜻한 사람도 있다. 이러한 사람을 내유외강형이라 할는지 모르겠다.

그리고 전자의 경우처럼 외유내강형의 사람도 있어 주위 사람들을 놀라게 하는 일을 더러 볼 수 있다. 대개가 자신감을 가진 사람들이 많다. 그렇기 때문에 힘에 밀려서 빼앗기듯이 주는 것이 아니라 스스로 상대방을 이해하려 애쓰며 때에 따라 기꺼이 양보하기도 한다. 온유해 보이지만 강한 사람의 얼굴 모습이다.

이러한 모습의 한 얼굴이 떠오른다.

처음 그 분을 대하던 때는 나의 약혼 예배 시였다.

예배를 마치고 가까이에서 바라본 그 분의 모습은 온유하다 못해 자신 없어하는 듯한 그런 얼굴을 하고 계셨다. 후에 나의 시아버님이 되실 분의 모습이었다.

민망한 듯 두 손을 모으고 "어려운 집안에 맏며느리로 시집와서 고생할 것을 생각하니 미안하구나." 하셨는데, 따뜻한 정감이 전해져 왔다.

그러시던 아버님은 간경변 증세로 3년여의 투병생활을 하시다가 50 중반의 아까운 연세로 우리의 곁을 떠나가셨다. 1972년 봄의 일이었다.

20여 년 전 라일락 향기가 가슴을 설레게 하던 봄날 어느 늦은 밤이었다.

낮에 병원에 다녀오신 아버님은 저녁식사도 거르신 채 약도 드시려 하지 않았다.

과일이라도 한 알 드시고 약 드시기를 권하는 남편에게 아버님은 갑자기 목사님 뵙기를 원하셨다.

나는 교회로 달려갔다. 늦은 밤의 교회 뜰 안은 라일락을 비롯한 향긋한 꽃향기로 가득 차 있었다. 서두르시는 목사님을 따라 교회를 나섰다.

아버님의 얼굴과 목 언저리에 배어 있는 땀을 닦아내며 간절히 기도하시던 목사님은 뒤에 앉아 있는 우리에게 "진땀이 나는구나" 하신다. 임종이 가까웠다는 말이라는 것을 나중에야 알게 되었다.

아버님은 남편과 나를 자신의 앞으로 부르셨다.

"연로하신 할머니와 어린 동생들을 다 거두지 못하고 너희에게 짐을 맡기고 떠나게 되어 참으로 미안하구나. 잘 부탁한다."

아버님은 처음 뵐 때에 나에게 "미안하다"고 하시더니, 작별인사도 "미안하다"고 하시며 떠나셨다.

그 마지막 말씀은 어려움에 처할 때마다 흐트러지려는 나의 마음을 바로잡아 주었다. 아버님은 자신을 위해 살아오시지는 않았다. 황해도가 고향인 아버님은 1·4 후퇴 때 빈 몸으로 월남하신 후 홀로 되신 어머님과 5남매의 부양으로 결코 수월하지 않은 삶을 영위하셨다. 자신의 몸을 던져 희생하며 살아온 세월이었지만 스스로 기꺼이 감당하셨다. 항상 조용하며 말수가 적어, 있는 듯 없는 듯해 보이던 아버님이 떠나신 후 그 빈자리는 너무나 컸다.

교회 일에 열심이지 못하다고 때로 불평하시던 목사님은 교회의 크고 작은 일에 항상 마음을 같이해 주시던 동역자가 없음을 그제야 깨닫게 되었다고 하였다. 아버님은 그 목사 담임 교회의 초대 장로님이었다.

지하철역을 벗어나 집으로 돌아오는 도중 아파트 단지내의 화단에서 바람에 실려 온 라일락 향기를 맡으면서, 그날 저녁 목사님을 모시러 가 교회 뜰에서 맡았던 향긋한 꽃향내가 내 코를 간지럽히는 것을 느끼는 순간, 온유하시던 아버님의 얼굴이 다시금 떠오른다.

<『기독교수필』 제4집, 1994>

이삭 줍기

현관문을 나서다 하늘을 바라본다. 파랗게 개인 하늘이 맑게 보인다.

갑자기 불어오는 돌풍에 나도 몰래 옷깃을 여미며 발걸음을 옮기고 있었다.

도로에는 승용차 한 대가 지나가고 행인들은 눈에 띄지 않는다.

텅 빈 아스팔트 위로 푸른 기가 채 가시지 않은 낙엽들이 마치 나비 떼처럼 날아다니고 있다.

추석머리의 거리는 쓸쓸하다.

그 때 마침 누군가가 등뒤에서 붙드는 것 같은 느낌에 가던 길을 멈추고 뒤돌아본다.

메마른 가지 끝에 위태롭게 매달린 장미꽃 한 송이가 바람에 한들거리고 있었다.

풀죽은 이파리 몇 개 드문드문 달고 있는 가냘픈 가지의 몸짓은 나를 붙들기에 충분하였다.

"작은 것이 아름답다."는 한 경제학자의 말을 빌리지 않더라도 그 꽃은 내게 기쁨을 주었다. 어쩌면 쓸쓸하고 슬퍼 보여서 아름답게 보이는 것인지도 모르겠다.

철 지나 피어난 꽃. 제 친구들 모두 떠난 뒤 늦게야 피어난 꽃의 의미는.

너 역시 "우수"인가. 나는 절로 웃음이 나왔다.

"너는 우수여. 우수가 무엇인지 아냐? 물건을 살 때 덤으로 더 얹어 주는 것을 우수라고 한단다."

기분이 좋으실 때 나를 두고 하시던 아버지의 말씀이다.

어린 시절 무슨 뜻인지 잘은 몰라도 아버지의 애정 어린 눈빛으로 나는 그 말을 들을 때마다 기분이 좋았다.

사십 중반에 얻은 막내딸.

과년한 딸들 출가시키고 남은 두 아들은 이웃 도시에 나가 공부하고 있었던 까닭에 넓은 고향집에 어린아이란 나 하나밖에 없었다.

나 자신 그 나이에 들어서야 아버지의 마음을 헤아릴 수가 있었다. 빈 둥지와 같은 허전한 아버지의 마음에 얼마나 위로가 되었었을지?

저 장미나무는 유난히 마음이 가던 나무이다.

해마다 무성한 가지가 인도로까지 뻗어 나와 오가는 길손들의 얼굴까지 덮쳐오곤 했다. 지난 봄 어느 날 몇 발자국 떨어진 지금이 곳으로 옮겨 심어지게 된 것이다.

새로운 땅에 적응하느라 여름 내내 시들시들한 이파리와 크지 않은 꽃송이들이 듬성듬성 몇 개 매달리듯 피어 있었다.

여름 내내 안타까운 마음 갖게 하더니 철 지나 덤으로 안겨준 기쁨은 추수가 끝난 가을 들판의 이삭을 생각나게 했다. 왜 뜬금없이 이삭 줍기를 생각했는지 알 수가 없다. 그것은 방금 덮고 나온 화첩 속에서 보았던 그림 – 밀레의 '이삭 줍기'에 나오는 등 굽혀 이삭 줍는 여인들의 쓸쓸한 뒷모습일 것이다. 그 곳에서 '룻'이라는 모압 여인의 모습을 보았기 때문이리라. 굶주리고 지친 시어머니 나오미를 위해 이삭을 줍는 룻의 절박한 모습을 떠올렸던 것이다. 난 지금까지는 아름다운 전원에서 농사 짓는 사람들과 이삭 줍는 일까지도 낭만적이라고만 생각해 왔었던 것 같다.

딱히 어디라고 정한 곳이 없었다. 그저 발 닿는 대로 걷고자 나선 길이다. 어느 후미진 언덕에 서서 시원한 바람을 맞고 나면 나을까 해서.

추석머리에 나타난 파업 결의, 금융대란. 이러저러한 문제로 여기저기 소란스러운 가운데 어수선한 마음을 진정시키려고 화첩을 펼쳐 놓고서 그림을 보고 있었다.

무심히 책장을 넘기고 있었는데 밀레의 "이삭 줍기"라는 작품에 잠시 눈이 고정되었다. 그 그림을 보고 있을 때였다.

TV 화면에 근로자 한 사람의 얼굴이 나타나 이야기를 하고 있었다.

나라 경제가 어려운 시절 중동 사막의 공사 현장에 나가 열심히 일했고, 고국에 돌아와서는 산업 역군으로 GNP 1만 달러를 이루는 데 일익을 담당하며 살아왔는데, 오늘에 이르러 우리를 일터에서 나가라 하니 이럴 수가 있느냐? 항변하는 어느 근로자의 말이다. 조그만 분노 같은 것이 느껴졌다. 정확히 누구를 향한 것인지는 알 수가 없었다. 가슴이 답답해지기 시작해서 화첩을 덮고 집을 나섰던 것이다.

도시산업화의 과정에서 뒷전으로 물러나야 했던 농촌. 아침저녁 굴뚝에 연기를 피워 올리던 아름다운 삶들이 빠져나가 버려 오래된 구들장은 식어버린 지 여러 해. 그래서 텅 빈 농가가 폐허로 변해 버린 모습을 바라보는 우리들의 심정은.

고향을 버리고 도시로 떠난, 아니 어쩌면 떠밀리다시피 도시로 나와 삶의 뿌리 뽑힌 자 되어 이리저리 밀려다니다가 겨우 안착한 도시의 근로자. 그 도시에서마저 버림받을 처지에 놓이게 된 우리 시대의 고달픈 삶은.

들어보지도 알지도 못했던 생소한 말 IMF. 숱한 어려운 시대를 버텨 온 우리들의 대들보였던 그들이 오늘의 우리 시대에 왜 무너져야 하는지 우리는 알지 못한다.

IMF 한파라고도 한다. 겨울철 기압골의 영향으로 기온이 급강하하는 현상. 그 한파가 지나갈 동안 우리는 굶지 않고 살아 있어야 한다.

"이삭 줍기" 그림에는 이삭을 줍는 여인들의 등 너머로 높이 쌓인 볍단들, 그리고 타작을 하느라 부산한 이들의 움직임이 저 멀리 보인다. 타작을 하는 이와 이삭을 줍는 이는 같은 들판에 서 있다.

모압 여인 "룻"을 그 곳에서 나는 보았다.

이스라엘의 베들레헴에 나오미라는 여인이 살고 있었다.

어느 해 흉년이 들어 그녀는 남편과 두 아들과 함께 이웃 모압 지방으로 이사를 한다.

두 아들은 그 곳에서 모압 여인들과 결혼을 하게 되고 그런 대로 10여 년을 살았다.

그 동안 남편과 두 아들들이 차례로 모두 죽고 만다. 고국을 떠나올 때 같이 왔던 가족을 모두 다 잃어버린 나오미는 며느리인 모압 여인 룻과 함께 고향으로 돌아온다. 룻은 나오미의 만류를 듣지 않고 자신의 부모 형제를 뒤로 한 채 고국 모압을 떠나 가진 것 없고 연로한 시어머니의 고향 이스라엘 베들레헴으로 돌아온 것이다. 때는 마침 추수기였다.

그러나 그들에겐 추수할 곡식도 씨뿌릴 땅 한 평도 없었다.

효성이 지극한 룻도 굶주린 시어머니를 봉양하기 위해 이삭 줍기에 나서게 된다. 그러한 사정을 알게 된 그 땅의 주인이 자신의 하녀를 시켜 일부러 이삭을 떨어뜨리게 한다. 효성이 지극한 빈자를 위하여 이삭을 남겨 놓도록 한 것이다.

가을에 부는 바람을 금풍이라 한다. 올해도 풍년이 들어서 가을 들판은 황금물결이 일렁이고 있을까?

가장의 실직, 그로 인한 가정의 파탄, 버려지는 아이들, 늘어만

가는 홈리스들. 그들이 돌아갈 고향은 어디에 있는 것일까?

나는 지금 무슨 생각을 하고 있는가.
감았던 눈을 떴다.
바람이 불었다. 장미꽃이 춤을 춘다.
나는 굽혔던 허리를 펴서 얕은 울타리 너머 도로를 바라보았다.
석양빛에 은행나무가 붉게 물들어 있다.
해가 지고 있었다.

<동인지 『사계』 제7집, 1998>

첫 눈

짧은 겨울 해는 소리 없이 지고 있었다.

한겨울의 찬바람이 나를 향해 달려온다. 어두움 속의 눈발이 푸슬푸슬 흩날리기 시작하더니 어느새 함박눈으로 변해 쏟아지기 시작했다. 놀이터 가장자리에 서 있는 나무가 잔가지를 흔들며 그 눈송이를 반긴다.

나는 현관문을 반나마 열어 놓은 틈으로 풍성하게 내리는 첫 눈의 모습을 바라보고 있었다. 놀이터 모래 위에 쌓인 눈가루가 바람에 흩날리며 사방으로 굴러다닌다.

밖을 내다보고 있는 내 얼굴로 눈송이가 한두 닢 가볍게 바람에 날려 들어왔다. 낮에 물고기 비늘같이 반짝이며 내리던 눈가루는 이젠 제법 탐스러운 송이 눈으로 바뀌어서 내리고 있다.

아들아이가 가 있는 전방에는 얼마나 많은 눈이 내리고 있을까. 영하 60도까지 내려간다던데……. 눈이 사뭇 많이 와 밖에 나갈 수조차 없다던데……. 하염없는 생각에 또다시 목안이 따끔거리기 시작한다.

두어 달 전부터 생긴 증세다. 아들아이의 군 입대 바로 이틀 전부터 시작된 것인데 아이를 생각할 때마다 증상이 나타나곤 한다.

두어 달 전, 태풍 '세스'가 일본으로 빠져나가리라는 예상을 뒤엎고 갑자기 방향을 바꿔 북상하던 날 아이는 강원도에 있는 어느 부대에 입대하였다. 남편과 함께 그 아이를 부대에 인도하러 갔었다.

아침 일찍 출발해서인지 그 곳에 도착하고 보니 시간이 많이 남았다. 부대 옆에서 서성거리다가 농부들이 추수하고 있는 논둑 길을 걸어가고 있었다. 넓은 들판에는 머리를 다소곳이 숙인 벼이삭들이 바람결에 출렁이고 있다.

하늘은 구름이 많이 낀 채 어두워지고 있었고 한두 방울 빗방울이 떨어지기도 하였다. 비오기 전에 빨갛게 익은 고추를 하나라도 더 따려는 듯 바삐 서두르는 할머니의 모습도 보인다.

우리가 걷고 있는 길은 보통 논둑 길보다는 조금 넓은 샛길이었는데 길가로 몇 그루의 대추나무가 서 있었다. 태풍의 영향 때문인지 불그스름하게 익은 대추 여러 개가 땅에 떨어져 뒹굴고 있었다. 고개를 돌려 논을 바라보니 노랗게 익은 벼이삭들이 바람에 밀려 이리저리 흔들리고 있다. 저러한 풍경을 보고 가을 바람을 금풍이라 했는지도 모르겠다. 황금 물결이 이는 가을 바람을 금풍이라 했는지도 모르겠다. 황금 물결이 이는 가을 들녘을 보며 옛 어른들은 먹지 않아도 배부르다고 했었다. 요즈음 농부들의 마음은 그 때와는 많이 다를 것이라는 생각이 든다.

내가 바라보고 있던 벼 모가지 하나가 휘청거리며 휘어진다. 문득 생각나는 게 있어 자세히 살펴보았더니 역시 메뚜기가 얼핏 스치며 옆의 벼 모가지에 가 매달리는 것이 보였다. 그 긴 뒷다리를 용수철처럼 튕겨 올리며 이리저리 옮겨 다니고 있었다.

요즘도 메뚜기가 있다니 새삼 놀라웠다. 생각해 보면 하나도 이상스러운 일이 아닌데도 뜻밖이라는 생각이 든다. 농약이다 공해다 하며 없어졌다는 메뚜기가 다 눈에 띄다니 참으로 반가운 일이었다.

고개를 숙인 벼 사이로 미처 뽑지 못한 피포기가 벼이삭 위로 껑충 치솟아 있어서 보기에 좋지 않았다. 피포기는 벼이삭과는 달리 불그죽죽한 모습이 흉물스럽다. 잘 익은 벼이삭은 거둬들이고 피포기와 같은 쭉정이는 불 속으로 던지리라는 말씀이 언뜻 스쳐 지나간다.

시간이 되어 부대를 향해 분주히 발걸음을 옮겼다. 텅 비어 있던 연병장이 손님들로 하나 둘 메워지기 시작하더니 순식간에 사람들로 가득 채워졌다.

그 때 마침 지휘대에 올라선 부대장은 우리를 향하여 사랑하는 아들을 건강하고 훌륭하게 키워 주셔서 대단히 감사하다며 일장 연설을 한 뒤, 이젠 안심하고 돌아가시라고 한다. 작별을 고해야 할 아이의 손을 잡고 머뭇거리며 서 있는 내게 아이는 "어머니, 이제 그만 가 보세요." 한다. 잡았던 손을 놓고 돌아서 나오는데 눈앞이 뿌옇게 흐려져 아무 것도 보이지 않았다. 뒤에서 미는 대로 밀려서 무작정 앞으로 향해 가고 있었다.

잠깐 정신이 들어 앞을 보니 부대 정문이 보이고 위병이 서 있는 모습이 보였다. 다시 돌아가 한 번만 더 아이를 보고 싶다는 생각이 드는 순간, 앞서서 성큼성큼 걸어가는 남편의 뒷모습이 발견되었다.

그를 불러 같이 되돌아가자고 하려다가 그만 눈 주위를 훔쳐내는 듯한 그의 모습을 바라보며, 나는 차마 그를 불러 세울 수가 없어서 그냥 따라나오고 말았다.

정문을 나서자마자 마치 우리를 기다렸다는 듯이, 좌석이 몇 개 남지 않은 서울행 전세버스가 출발을 서두르는 바람에 아무 생각 없이 차에 오르고야 말았다.

집으로 돌아오는 동안 왜 그리 마음이 허전한지 몰랐다. 나와 함께 차에 타고 있던 다른 부모들도 그러리란 생각이 든다. 왜 그렇게도 목구멍이 따끔거리는지 알 수가 없었다.

휘익 하며 눈가루와 함께 찬바람이 불어닥친다.

문을 활짝 열고 밖으로 나와 보았다.

일시에 차가운 기운이 쌩하니 몸으로 다가왔다.

금방 코끝이 추위에 움츠러들고 눈이 씀벅거리며 귓바퀴까지 얼얼해진다.

양말을 신지 않은 발끝이 시려 온다. 10수 년 만의 추위라더니 과연 매섭다는 느낌이다.

내가 지금 무얼 하고 있는 것인지, 어서 안으로 들어가야겠다. 혹시 아들아이의 발에 동상이나 걸리지 않았는지 모르겠다.

<계간『현대수필』, 1995년 봄호>

제3부

뿌리 깊은 나무

나는 무엇인가

나는 무엇인가.

요즈음 내 뇌리를 떠나지 않는 명제다.

간혹 스쳐 지나가던 생각이었는데 그 횟수가 부쩍 늘어난 것은 요즈막의 일이다.

누가 들으면 자기가 무슨 고차원적인 문제를 논하는 저명한 철인이라도 되는 양 유별나게 군다고 비웃을는지도 모르겠다.

사람은 어느 누구든지 차원이 높은 사람은 높은 대로 차원이 낮은 사람은 낮은 대로 크고 작건 간에 자기 자신의 삶인 세상살이에 대한 고뇌와 번민이 있으리라.

가을이라서 그런가. 아니면 어느 제약회사의 광고문안처럼 철없던 내가 철이 들려고 그러는가.

요즘 자꾸 지난 삶에 대해 나 자신의 태도가 어떠하였는가를 생각하는 시간이 많아졌다.

이제 막 단풍이 들기 시작했다.

하얀 갈꽃들의 출렁거림은 쓸쓸한 가을 산정에 그래도 포근함을 준다.

예년에 비해 열흘 정도 늦어졌다는 단풍은 아직 제 빛을 발하지 못하고 있다.

지난여름 긴 장마 끝에 다가온 호우와 태풍, 수해로 인해 우리에게는 많은 어려움이 있었다.

그대로 무너지는 것이 아닌가 하는 두려움이 없지 않았었는데 그 가운데서도 추수할 곡식이, 그리고 거둬들일 과일들이 있다는 데 안도의 숨을 내쉬게 되었다.

어제 저녁 밥상 위에 올려진, 참기름과 깨소금에 버무린 콩나물을 맛있게 먹다가 문득 '콩' 생각이 난 것이다.

콩.

오곡 중의 하나인 콩은 밭에서 나는 쇠고기라 할만큼 우리 몸에 중요한 단백질을 가져다준다. 간장, 된장은 물론 두부, 콩나물, 콩고물 등 콩을 재료로 한 음식은 우리의 식생활에 매우 중요한 역할을 한다.

콩나무는 특이한 식물이다.

나 어렸을 적에 어머니는 날이 가물어 콩나무의 성장이 부실해도 비료를 주어서는 안 된다고 하셨다.

어째서 그러느냐고 물으면 '비료를 주게 되면 콩나무는 미쳐 버린단다.'고 하신다.

알 수 없다는 표정으로 다시 물으면, 콩나무는 줄기와 이파리만 무성해지고 콩의 열매를 맺지 못한다고 하였다.

그 의문이 풀리게 된 것은 한참 지난 후였다.

내가 점점 자라나 학교에서 콩나무와 뿌리혹박테리아와의 관계를 배워 알게 되었을 때였다. 콩나무 뿌리에 기생하며 살아가는 뿌리혹박테리아는 콩나무로부터 탄수화물을 받아 공기 중의 질소를 섭취하며 질소화합물을 식물에 공급함으로써 서로 공생한다는 것이다. 그래서 콩을 거둬들이고 난 뒤의 콩밭은 비옥해져 다른 작물을 심을 경우 잘 된다고 한다.

공생의 관계.

직장이나 사회, 가정 전반에 있어 공생관계가 많아질수록 세상은 좋은 세상이 될 것이다.

그러나 숙주에게 해를 끼치며 살아가는 기생관계란 것도 있다.

가정에서 부부관계야말로 공생관계에 터전을 둘 수만 있다면 참으로 좋으리라.

"콩 심은 데 콩 나고 팥 심은 데 팥 난다."는 우리의 속담이 있다.

콩나무와 콩나물, 이 둘은 '콩 심은 데 콩 난다'는 데에서는 일치하지만, 그러나 두 식물은 서로 다른 생애를 살아간다.

그러한 사실이 콩나물을 먹는 동안 무슨 새로운 생각인 양 떠오른 것이다.

하나의 콩알에서 떡잎이 나오는 것은 같은 이치다.

콩나무는 콩 하나에서 수 백 개의 열매를 맺지만, 그러나 콩나물은 어떠한가.

또한 콩나무는 여러 날을 뜨거운 태양 아래서 가뭄과 폭우를 견뎌내야 하고 스스로 뿌리를 내리고 줄기와 이파리에 영양과 물을 공급해 주는 노력을 기울여야 한다. 그러한 수고가 끝난 후에야 가을 추수기에 수많은 콩의 수확을 이루어 낸다.

콩나물은 더운 여름철엔 햇볕이 들지 않고 바람이 잘 통하는 서늘한 윗목에서, 추운 겨울철엔 따뜻한 아랫목에서 적당한 온도와 습도를 조절해 주면 한 열흘이 지나 노르스름하게 자란 떡잎 두 개에 연약한 줄기 하나 – 곧 콩나물 형태 – 로 일생을 마감하고 만다.

꽃을 피우지는 못하고 콩의 열매도 맺지 못한 채 그대로 사라지는 콩나물의 운명.

나는 무엇인가.

콩나무인가, 콩나물인가.

공생관계의 삶을 살았는가, 기생관계의 삶을 살았는가.

어찌 보면 콩나무 같기도 하고 콩나물 같기도 하다.

콩나물.

비록 짧은 생애이긴 해도 쓸모 없는 식물은 아니다. 비록 뜨거운 태양 아래에서는 얼마 견디지 못하고 말라 버릴는지 몰라도.

콩나물은 두부와 함께 보잘것없고 가진 것 없는 서민들이 즐겨 먹는 반찬이다. 그들의 고달픈 식탁에 올라 한 끼 식사를 즐거이 할 수 있게 하는 것은 역시 콩나물의 몫이 아닐는지.

가을이다.

나는 단풍이 들기 시작하는 가을 산을 바라본다.

그래 이제 입추로구나.

내 나이 이제 천명의 언저리에 놓이게 되었다.

천명.

하늘이 내린 명령.

하늘이 내게 내려 준 명령은 어떤 것일까.

하루가 다르게 단풍의 높이가 낮아지다가 낙엽이 되어 떨어지되 모든 나무의 열매는 더욱더 영글어 가며 입동을 준비하는 만추가 되기까지 얼마만의 시간이 남아 있는 걸까.

생각이 여기에 이르자 쓸쓸해진다.

점점 다가오는 입동을 어떻게 준비해야 하나.

다시금 콩나무를 생각한다.

그리고 뿌리혹 박테리아를…….

<동인지 『사계』 제7집, 1998>

병상 담화

건너편 외국인 회사의 동산 중턱에 황혼을 등에 짊어진 하얀 목련이 경쾌하게 춤을 추고 있다. 아래 단지 내 놀이터의 울타리 사이에 서 있는 목련나무에는 꽃송이 하나만이 달랑 피어 있다. 겨우 한 송이를 피워 내다니. 바라보는 내 마음마저 외롭고 쓸쓸하다.

얼마 전 고향의 큰언니에게 전화했었다. 몇 해 전에 이순을 지낸 언니는 심한 독감을 앓고 있다고 했다. "네가 전화를 해 주니 외롭기가 덜하다."고 했었다.

바람이 차다. 온 몸이 오시시 떨리며 기침이 나오기 시작한다. 두 팔로 가슴을 감쌌다. 한결 따뜻하다. 두어 달 전까지만 해도 확 트인 이곳 복도의 난간이 좋았다. 차가운 바람이 시원해 이 답답한 가슴을 뻥 뚫리게도 했었다.

그러나 지금은 사정이 다르다. 지난 겨울 말미에 심하게 앓은 독감 덕분에 지금까지도 찬바람과 찬물만 접하게 되면 몸이 떨리며 기침이 시작되어 바깥출입을 삼가고 있다. 엎친 데 덮친 격으로 신경통인지 관절통인지 한쪽 다리에 통증이 시작되어 여간 고통스러운 게 아니다. 누웠다 일어나기도 수월하지 않고 일어서기는 더욱 힘들다. 텅빈 집안에 아픈 다리 뻗고 누워 있자니 서글픈 생각마저 들었다.

베란다의 파란 플라스틱 화분에 철쭉과 동백꽃이 활짝 피어 있는 모습을 발견하고 창 밖으로 눈을 돌렸다. 화창한 봄 날씨 같아 다리를 절름거리며 복도로 나왔던 것이다.

허리로부터 시작된 통증이 다리 아래로 자꾸 뻗어가니 서 있기가 고역이다. 큰언니도 나처럼 혼자서 앓고 있었을까. 언니는 우리 형제 6남매 중 맏이이고 나는 막내 동생이다. 성격이야 판이하게 다르지만 모녀간이냐고 물을 정도로 얼굴이 많이 닮았고, 또 그만큼 나이 차이도 많았다.

그 언니에게는 나와 다섯 살 터울이 진 큰딸이 있다. 그 아이와 함께 언니는 어느 해 장마철에 고향집에 다니러 왔었다가 큰 일을 당했다. 그 날도 비는 주룩주룩 내렸다.

바쁜 농사철이기는 해도 집안 어른들은 집에서 쉬고 계셨다. 나는 밖에 나갔다 들어오다가 대문 앞에서 조카아이를 보았다. 아이는 처마 밑에서 젖은 흙으로 두꺼비집을 지으며 혼자 놀고 있었다. 비 맞지 말고 집으로 들어가자고 하였다. 그러나 뒤따라오는지 여부는 확인하지 않았다. 잠시 후 마루에 올라와서 막 책을 펴 들려는데 밖에서 웅성거리는 소리와 함께 빨리 나와 보라고 누군가 큰 소리를 치는 것 같았다. 깜짝 놀라서 아버지와 어머니 그리고 큰언니, 셋째언니, 나 온 식구가 밖으로 달려갔다.

버스가 신작로 옆 전봇대를 들이받고 또랑에 처박혀 있고 아이는 처마 밑 땅바닥에 앉혀져 있었다. 눈을 하얗게 희뜨고 있어서 무서웠다. 의식이 없는 아이를 안으신 아버지는 동네 진료소로 달려가시고 우리 식구 모두 그 뒤를 따라갔다. 응급처치를 한 후 이웃 대처 큰 병원으로 이송하기 위해 택시를 불렀다. 차를 타러 나가면서 언니는 나를 향해 "너는 나를 따라가자."고 하였다. 무서웠지만 거절할 수가 없었다. 평상시 입은 채로 차에 올랐다.

병원에 도착해 그 때까지도 의식이 없는 아이를 대강 진찰을 마친 의사는 병세를 두고 보자고 하였다. 아버지는 병원을 운영하는 고모댁으로 가시고 언니는 시댁으로 사고 소식을 알리러 갔다. 낯선 병원에는 의식이 없는 아이와 이제 겨우 국민학교 5학년생인 나만이 남았다.

난처한 일이 그때 일어났다. 입원실에 누워 있던 아이가 자꾸 토하기 시작했다. 간호원을 부르기가 미안스러워 할 수 없이 나는 상의 겉옷을 벗어내어 오물을 닦아냈다. 병원 마당 가운데 있는 펌프샘을 퍼내어 오물이 묻은 옷을 몇 번이고 씻어내었다. 그러기를 몇 번이나 했는지는 기억이 없다. 해거름 때가 되어서야 아버지와 고모네 오빠가, 그리고 아이의 친할머니와 큰언니가 허겁지겁 돌아왔다. 아버지는 내일 학교에 가야 하니까 막차로 돌아가라고 하셔서 나는 그날 시골집으로 돌아왔다.

몇 달이 지나 아이는 일상생활로 돌아올 수 있었고, 나 역시 그 날의 참담하고 두려웠던 기억이 가끔씩 생각나기는 했어도 보통 잊고 지냈다. 그러다가 내가 여고 2학년 때였던 것 같다. 전신 마취를 해야 하는 큰 수술을 받게 된 언니는 내게 수술하는 날 병원에 와서 있다가 마취에서 깨어나기까지 자신의 병상을 지켜달라고 부탁하였다. 그 날 나는 학교를 조퇴하였다. 그 한번의 조퇴로 인하여 3년 개근을 못하고 졸업식날 정근상을 받게 되었다. 그러나 억울하다는 생각을 해본 기억이 없다. 세 시간 예정으로 수술실에 들어간 언니는 다섯 시간이 훨씬 지나서야 겨우 우리 앞에 의식이 없는 상태로 돌아왔다. 그대로 깨어나지 않으면 어쩌나 하는 걱정에 가슴이 철렁 내려앉았다.

그날, 옛날의 그 일이 또 일어났다. 금식을 지시 받은 언니가 이웃 노인들의 권유대로 의사의 지시를 어기고 음식을 조금 먹어둔 게 탈이었다. 밤이 되자 언니는 토하기 시작했다. 마취제인 레텔의 냄새와 함께 섞여 나오는 오물의 냄새는 고약했다. 비위가 무척 약한 편인 나는 후에 내 아이들이 토해낸 오물이라도 치울 수가 없어 무척 애를 먹었다. 그런데 그때는 어떻게 그러한 일들을 해내었는지 알 수가 없다. 그 후 언니는 건강한 몸으로 퇴원을 하였지만 나는 그때의 그 일을 언니에게 말했던 기억이 없다. 언니는 어째서 그 어린 막내동생에게 혼수상태인 자신의 딸의 병간호를 맡길 수 있었는지, 또한 후에 의식이 없는 자신의 병상을 지켜주기를 부탁할 수 있었는지 알지 못한다. 나의 어떠한 점을 믿고 부탁했을까? 언젠가 언니는 내게 "너는 어려서부터 환자의 마음을 잘 알아차리고 마음을 편하게 간호했었다."고 말한 적이 있었던 게 기억날 뿐이다.

유년시절에 나의 어머니는 곧잘 앓아 누우시기를 잘했다. 걱정이 된 나는 어머니의 병상을 떠나지 않고 서성거리다 어른들에게 야단을 맞기도 하였다. 조금 비켜선 듯하다가 아무도 없으면 다시금 어머니 곁에 다가가 앉아 있었다. 열에 들떠 신음하시다 힘없이 눈을 뜨면 나는 머리맡에 놓여있는 물그릇에서 수저로 물을 뜬다. 어머니는 눈으로만 힘없이 웃으시며 입을 벌리시곤 했다. 바짝 마른 어머니의 입술에 물을 조심스럽게 떠 넣어 드렸다. 그러다 회복기에 접어드는 것 같으면 나는 어머니의 병상을 떠났다. 그러기 전까지는 좀체로 어머니 곁을 떠날 수가 없었던 일이 기억난다.

그러한 언니가 요즘 거동이 불편할 정도로 심하게 앓으면서 외롭다고 하였다.

놀이터 울타리 사이에 서 있는 목련꽃처럼 만약에 내가 텅빈 집안에서 혼자서 앓아 눕게 된다면 어느 누가 내 병상을 지켜주려나.

슬픈 미소를 나는 지어본다.

그 미소가 가시기 전, 웬 일인지 연민으로 나를 바라보시는 주님의 모습이 떠올라 내 입가에 갑자기 기쁨의 미소가 번진다.

홀로 핀 목련꽃 한 송이가 어스름 속에서 환하게 웃고 있다.

<현대수필문학회 회지 『목소리』 제3집, 1995>

홀로서기

한낮의 더위를 즐기듯 목청을 높이던 매미 소리도 이제는 뜸하기만 하다. 느티나무 숲 사이를 걷다가 발견하게 되는, 움직이지 않는 껍질만 남은 매미의 슬픈 모습들이 늘어날수록 매미 울음소리는 점점 스러지겠지. 여름 내내 시름시름 앓아 누워있던 나는 창문에 비친 붉은 빛에 끌려 베란다로 나오게 되었다. 성벽처럼 서 있는 아파트 건물 가운데를 기다란 몸짓으로 유유히 흘러가는 한강이 저녁 노을에 황금빛으로 타오르고 있었다. 황홀할 정도로 아름다운 풍경은 내게 아늑함과 함께 슬픔 같은 것을 느끼게도 한다.

오헤이어 공항에 도착한 것은 해질녘이었다. 시카고에 있는 어머님의 아파트에 들어섰을 때 어머님은 말없이 우리 내외를 맞이하셨다. 굽은 허리와 힘없이 처진 어깨, 내리깐 눈, 꽉 다문 입. 이 모든 모습이 낯설었고 무엇인가 무너지는 소리 같은 것이 들려오는 것 같기도 하였다.

반쯤 웃는 얼굴로 '왔냐' 하시는 힘없는 어머님의 목소리. 그 낮게 들리는 목소리에는 진한 슬픔이 묻어나는 것 같아 나는 어머님을 바로 보지 않으려고 눈을 돌려 창 밖을 바라보았다.

창문엔 저녁 노을이 드리워지고 있었다.

눈이 시려왔다. 어머님을 마주 보았다가는 정말 눈물이 쏟아질 것만 같아 돌렸던 눈길을 다시 돌렸다. 어머님의 눈이 떨리며 눈동자가 물기로 젖고 있었다. '왔냐'라는 말속에는 많은 뜻이 담겨져 있을 것이다.

얼마 전부터 거동이 불편하기도 하고 당뇨로 인해 고생하신다는 소식에 간혹 밤잠을 설치던 남편이었다. 하나 어머님은 잘 지내니 걱정 말라는 전화만 하시곤 했다. 이순에 다가서는 반백의 아드님을 맞이하시던 어머님은 팔순의 할머니였다. 꽉 다무신 입술 사이로 힘없이 흘러나온 '왔냐' 하시는 그 한마디의 말 말고는 아무 소리도 들리지 않았다. 그 자리에 꼼짝할 수가 없고 온 몸에 오스스 소름이 돋으며 가슴에 찬바람이 스쳐갈 뿐이었다.

어스름이 퍼지기 시작하고 있다. 낮 동안의 더위는 자취 없이 사라지고 이내 서늘한 바람의 기운이 감돈다. 어둠이 점점 짙어지면서 밤하늘의 별들은 또렷하게 빛을 내고 한강의 양안을 끼고 늘어선 강변도로의 가로등은 반짝이는 보석들로 살아나 빛나고 있다.

"할머니는 혼자 생활하시는 데 잘 적응하고 계십니다." 시카고 노인 복지 센터 원장의 말이었다. 한국 사람이었다. 봉사자의 도움을 받을 수가 있어 별 불편한 점이 없다는 것이다. 염려 말라고 했다. 감사합니다. 머리 숙여 인사하였다. 이곳에 계신 할머니들은 무엇보다도 자식의 짐이 되고 싶지 않다는 생각들을 하고 계신단다.

처음 사무실에 들어섰을 때였다. 교실 크기의 넓은 홀에 노인들의 수가 많음에 놀랐다. 노래부르며 흥겹게 춤을 추는 이, 운동을 하기도 하고 한가로이 앉아 담소를 즐기는 사람 몇이서 우리를 에워싸고 다가섰다. 내 손을 잡아 주는 이, 어깨를 쓰다듬는 이, 등을 토닥이는 이, 모두가 며느님이냐며 자기 일처럼 반가워했다.

방금 한국에서 왔다는 말에 우리를 보며 자신들의 고국에 남겨진 자식들을 생각하셨으리라. 찾아와 주어서 반갑다며 잡은 손을 놓지 못하였다.

오후에 만난 어머님의 주치의는 병원 로비에까지 내려 와서 만났다. 할머니의 건강은 대체로 건강하며 크게 고통스러운 것이 없으며 무엇보다도 정신적으로 양호하시니 염려 말라고 하면서 단지 관절염은 퇴행성이기 때문에 조금 불편하시기는 해도 크게 걱정 안 하셔도 된다며 우리를 위로해 준다. “보살펴 주셔서 감사합니다.” 닥터 신이라는 한인인 의사에게 인사하며 돌아설 수밖에 없었다.

어머님은 자신의 생활권이라 할 수 있는 샴버그를 떠나 홀로 시카고의 노인 아파트로 가신 것이다. 비교적 건강하실 때였고 낮 동안 아무도 없는 빈집에 계신 것보다는 말벗도 있어 오며 가며 지내실 수 있는 곳이라고 했다. 그렇기는 해도, 그때까지 십여 년 동안 집안 일을 돌보아 주시며 결혼한 시누이와 함께 사시던 어머니로서는 크나큰 모험일 수도 있었을 것이다.

그날 밤이었다.

"어머니 요즘도 기도 많이 하세요."라는 말에 요즘은 자꾸 잊어버려 잘 할 수가 없다고 하신다.

"아침 5시면 잠이 깬다. 일어나 씻고 하나님께 기도하고 나서 성경보고 잠시 쉬었다가 아침 먹고 10시쯤 노인정(복지 센터)에서 운영하는 셔틀버스를 타고 시내 구경도 하고 노인정에 가서 물리치료도 받고 노래도 부르며 놀기도 한다. 그리고 주일이면 교회차로 샴버그에 있는 한미 교회에 나가 예배보고 다시 돌아오고 하니 좋다."

어머니는 담담하게 말씀하신다.

아무 것도 문제 될 것 없는 현상인데도 이상하게 느낀 것이 있었다. 말수가 적어지고 환하게 웃으시는 모습을 보지 못한 것 같았다. 그저 배시시 웃을 뿐. 어쩌면 자식을 향한 마음의 문을 닫아버린 것은 아닐까. 자신의 약한 모습을 보이면 혹여 아들의 마음이 아플까봐. 나를 붙들고 놓을 줄 몰랐던 노인정에서 만났던 노인들처럼 그렇게 하게 될 것 같아서 애써 감추신 것은 아닐는지.

떠나오기 전날 밤에 어머님과 이야기를 할 때였다. 어머님 아이들을 위해 기도해 주세요. 세 아이들의 근황과 함께 앞으로 해야 할 일들을 어머님께 말씀드렸다. 얼굴이 금새 밝아지며 크게 웃으신다. 할머니의 어쩔 수 없는, 자손들을 향한 마음의 문이 조금은 열린 것일까. 어머님의 생활하시는 질서 속에 끼어 들어서는 안 되겠다는 생각을 하며 많은 이야기를 하지는 못했다.

얼마 동안 지내다가 돌아갈 사람들인데 어머님의 마음을 흔들어 놓아서는 안 될 것 같아서였다. 든 자리는 몰라도 난 자리는 크다고, 혹여 우리 떠나고 난 후에 홀로 남겨진 어머님이 빈자리 때문에 힘들어할까 봐서 조심스럽기도 했기 때문이다. 혼자 먹는 밥. 거기에는 외로움이 있을 것이고, 또한 혼자 남겨지게 되는 것은 두려운 일이다.

복지 센터 원장의 말대로 '홀로 서기' 위해 노력하신 보람이 물거품이 되어서는 안 될 것이다. 나 역시 덤덤한 사람이 되었다.

자식들과 함께 생활하신다고 해도 하루종일 아무도 없는 빈집에서 말벗도 없이 혼자 지내시는 것보다 노인 아파트의 생활은 이웃의 노인들이 있어 마실도 갈 수 있고 봉사자의 도움이기는 해도 마음대로 쇼핑도 할 수 있고, 노인정에 나가 친구와 놀기도 할 수 있는 말벗들이 있어 나을 것 같기도 하다는 생각을 했다.

떠나오던 날 밤 불편한 걸음걸이로 공항까지 나오셨다. 휠체어에 몸을 의지한 체 앉아 계시다가 시누이를 향해 갈 때에는 네가 나를 밀고 가자고 하신다. 왜 그러냐는 딸의 물음에 "미안해서 그런다"고 그때까지 자신의 휠체어를 밀고 온 사위에게 미안하다는 말이다.

"어머니 괜찮아요." 시누이가 말한 것 같다.

그 때 바람소리가 들리는 것 같았다. 가슴으로 찬바람이 스치고 지나갔다. 내가 왜 이럴까. 창 밖 어둠 속에 하염없는 눈길을 보내고 있던 어머니가 웅성거리며 일어나는 사람들의 움직임에 눈길을 거둬들이며 우리를 물끄러미 바라보셨다.

"어머니 저희들 갈게요." 인사하는 우리를 무연히 바라만 보신다. 오냐, 잘 가라고 하신 것 같기도 하다. 통로로 들어서기 전 다시 돌아본 우리를 향해 어머니가 앉으신 휠체어를 우리가 잘 볼 수 있는 곳으로 옮겨놓고 서서 활짝 웃으며 손을 흔드는 시누이 앞에 어머니는 입을 다문 채 무심한 표정으로 앉아 계신다. 우리는 어머니를 향해 손을 흔들다 뒷사람에게 밀려 그대로 비행기에 오르고야 말았다.

그리고 한 달여가 지나갔다.

가냘픈 풀벌레들의 울음소리가 서늘한 바람 따라 들려온다. 검푸른 밤하늘에 달님이 환하게 웃고 있다. 지금쯤 시카고에 계시는 어머님은 손자들을 위해 새벽기도를 올리고 계실는지 모르겠다.

<『건강과 생명』 2000년 3월호>

뿌리 깊은 나무

위잉 바람소리가 요란하다. 간밤에 내린 비로 아차산 아카시아 꽃잎이 다 져 버리지나 않았는지. 지난 겨우내 저 바람소리에 나는 빈 벌거숭이 된 나뭇가지가 되어 휘둘리고 있었다.

더 이상 누워 있을 수 없어 자리에서 일어났다. 방문을 열고 삐죽이 얼굴만 들이밀고, "다녀오겠습니다." 하며 딸아이들이 집을 나선 후에도 한참을 그대로 누워 있었다.

방을 나와 거실로 가려던 나는 열려져 있는 아이들의 방안으로 눈길을 돌렸다. 흩어져 있는 옷가지들과 책상 위에 제멋대로 놓여 있는 책들을 바라보다가 힘없이 거실로 갔다.

무심히 창 밖을 본다. 베란다의 하얀 플라스틱 화분에 심겨진 분재의 이파리가 반나마 떨어져 바닥에 흩어져 뒹굴고 있다. 며칠 전 시들시들해진 이파리들을 발견하고 그간 제때 물을 주지 못하였다는 사실을 알았다.

3년 전 길을 가다가 여러 개의 화분이 길가에 널려 있는 곳에서 허리가 굽어 있는 분재 하나를 보고 마음에 끌려서 사 왔었다. 두어 뼘 크기로 자란 나무가 등이 굽어 있는 모습이 마치 허리 굽은 할머니를 닮아 있어 슬퍼 보이면서도 한편 아름다워 보이기도 했다.

기껏 내가 하는 일이란 며칠에 한번씩 물을 주는 것이 고작인데도 그 나무는 지금껏 연명해 오고 있었던 것이다. 안쓰러운 생각에 물도 주고, 먹고 난 우유팩을 씻어내어 그 물을 부어 주기도 하면서 분재 옆을 서성이며 며칠을 보냈다.

뿌리마저 말라버렸다면 부질없는 짓이리라. 저러다 그냥 죽어 버리면 어쩌나 걱정하고 있었는데, 이파리가 떨어져 나간 가지 끝에 깨알 만한 새 잎이 돋아 나오고 있지 않은가. 나는 기쁨의 웃음이 절로 나왔다.

두두둑 창문을 두드리는 빗소리에 밖을 바라본다. 아파트 울타리 가장자리의 플라타너스 나뭇가지가 바람에 춤을 추고 있다. 서너 그루가 역시 너덧 발짝씩 사이를 두고 나란히 서 있었다.

울타리를 뻥 둘러 처져 있는 나무들 가운데 내 눈길을 끄는 것은 저 세 그루의 플라타너스 나무들 중 가운데 서 있는 나무다. 그 나무는 아파트 건물 사이의 빈 공간을 달려 온 바람을 항상 맞이하고 있었다.

나는 그 나무에 자꾸 마음이 간다. 바로 그 나무에서 삶의 모습을 볼 수 있었다. 그 자리에 심겨진 날부터 자라난 만큼, 바람의 힘은 점점 세게 다가온다. 바로 이웃의 나무보다 훨씬 힘겨운 바람맞이를 한다.

나는 가지들의 부대낌은 물론 그 나무를 지탱해야만 하는 땅속에 있는 뿌리의 힘겨움도 함께 느꼈었다. 지난해, 여름이 채 가기도 전에 단풍이 들기 시작하였다. 그러던 것이 가을이 되어 갈색잎으로 물들어 가기 시작하는 이웃의 나무와는 달리 그 나무는 이미 반 나목이 되어가고 있었다. 바로 몇 자국 떨어진 곁의 나무는 무성한 잎을 자랑하다가 이제 갈색으로 물들어 가기 시작하는데 그 나무는 이미 빈 가지로 바람에 흔들리고 있었다.

겨울을 지내고 올해 봄 움트기 시작한 이파리가 점점 푸른색을 띠며 무성해지는 듯했는데, 예의 그 가운데 서 있는 나무의 이파리는 반밖에 잎을 틔우지 못하고서 힘겹게 팔을 휘젓고 있다. 그 나무는 바람에 쓰러지지 않으려고 땅속 깊이 뿌리를 뻗어갈 것이다. 또한 수액을 빨아내어 가지에 올려 보내기 위해 안간힘을 쓰느라 그 나무의 뿌리는 얼마나 힘겨운 투쟁을 하고 있을까.

비록 무성한 잎으로 새들에게 안식처를, 그리고 사람들에겐 시원한 그늘과 쾌적한 환경을 제공해 주는 나무만은 못하다 해도 듬성듬성한 대로 그 자신만큼의 역할을 다 해낸 그 나무에게 찬사를 보내고 싶다. 만약에 잎을 피우지 못했더라면 분명 그 나무는 잘려나갔거나 뿌리가 뽑혀져 불에 태워지고 말았으리라.

몇 해 전 이웃에 젊은 부부가 살고 있었다. 고향에 사는 늙은 어머니가 철철이 나는 농작물을 보따리 보따리 싸 들고서 아들네 집에 오셨다. 고구마, 붉은 고추, 콩, 팥 따위 뭐 그런 것들인 듯싶었다. 철 따라 무거운 고구마, 쌀 같은 것들을 수화물로 보내면 터미널 운송부까지 찾아가서 용달차로 그것들을 실어오며 투덜거리던 아들 내외의 모습을 보았던지라, 나는 뭐 하러 힘들게 그러한 것들을 가져다주느라 그 고생을 하시느냐고 물었다. 노인은, 고향을 잊어버리지 않게 하기 위해서라고 했다. 뿌리 없는 나무는 살 수가 없다. 자신은 뿌리요 자식은 나무다. 그리고 고향은 바로 흙이라는 것이다. 나무는 뿌리가 없으면 살 수가 없다. 뿌리는 흙 속을 떠나서는 살 수가 없다. 대강 그러한 내용의 말씀이었던 것 같다.

의외라는 듯한 표정을 짓는 나에게 노인은 미소를 지으며 "마음의 고향도 말이요."라고 했다.

나는 그 때 '참감람나무' 뿌리의 진액을 함께 받는 자에 대해 잠깐 생각해 보았다.

"또한 가지 얼마가 꺾여졌는데 돌감람나무인 네가 그들 중에 접붙임이 되어 참감람나무 뿌리의 진액을 함께 받는 자 되었은 즉 그 가지들을 향하여 자긍하지 말라. 자긍할지라도 네가 뿌리를 보전하는 것이 아니요, 뿌리가 너를 보전하는 것이니라."

갑자기 시야가 밝아온다.

어느새 비는 개이고 밝은 햇살에 눈이 부시다.

물기 머금은 플라타너스 잎들이 바람에 흔들릴 때마다 반짝이며 빛이 난다. 나는 잎이 떨어져 나간 가지 끝에 새 이파리가 피기 시작하는 하얀 플라스틱 화분의 분재를 바라본다.

나무에 물을 주기 위해 나는 물뿌리개를 다시 집어들었다.

<현대수필문학회 동인지『목소리』제3집, 1995>

이 한 장의 사진

며칠 전 갑자기 사진이 필요해 앨범을 꺼내 보게 되었다.

앨범 속은 군데군데 빈곳이 많이 있었다. 아이들이 자라면서 각기 자신의 얼굴이 들어 있는 사진들을 하나둘씩 빼내어가기 시작한 것은 벌써 오래 전 일이다.

아직 정리가 채 되지 않아서 그냥 수북하게 한데 사진을 모아둔 부분이 마치 무슨 불룩한 배처럼 솟아 있다. 손 안 가득하게 사진들을 집어들었을 때 방바닥으로 스르르 떨어지는 사진 한 장이 있었다. 반명함판 사진의 크기보다 약간은 더 커 보이는 작은 사진판의 것이었다. 뒤로 엎어진 사진을 집어서 손에 드는 순간 나는 한 손 가득하게 쥐었던 많은 사진들을 놓고서 한 장의 그 사진만을 두 손에 감싸안았다.

그것은 연전(年前)에 시내 금호동에 사는 언니네 집에 들렀을 때, 앨범 속의 사진들을 우리 아이들이 자신들 것이라며 빼내어갔던 경우처럼, 나 역시 언니에게서 그 사진의 기득권을 주장하며 가져왔던 물건이었다. 나는 가끔씩 그 사진 속에 있는 사람들을 생각하면서, 그 때의 내 모습을 떠올리며 기쁜 마음이 되곤 한다.

이즈음 그런 생각들을 잊어버린 듯 지내고 있었는데, 바로 이 사진 때문에, 40여 년의 세월을 훌쩍 뛰어넘어 마치 고향 집 툇마루에 가 앉아 있는 듯한 착각에 빠지게 되었다. 사람은 젊어서는 꿈을 먹고살지만, 나이가 들어갈수록 추억을 먹고산다고 한다.

이 사진은 내 생애 중 가장 즐거웠던 시절의 반영이기도 하지만, 또한 세상에 태어난 후 내 모습을 남기게 된 것들 중 가장 오래된 것으로도 나에겐 의미가 있는 추억물이다.

사진 속의 영상은 네 사람의 얼굴 모습이다. 마당보다 조금 높은 토방이 있고, 신발을 벗어 놓을 수 있는 신방돌이 있는데, 그것은 시멘트로 쌓아서 직사각형 틀로 만든, 바닥이 반질반질한 청색에 가까운 섬돌이었다. 신발 세 켤레 정도는 놓여질 수 있는 크기로, 물로 깨끗하게 씻어 내리면 충분히 앉을 수도 있을 만큼 반들거렸다.

그 곳에 작은언니와 셋째 언니가 머리칼을 두 갈래로 땋아 내려뜨리고서 의젓하게 폼을 재며 앉아 있고, 작은언니 옆 토방에는 한 쪽 무릎을 세운 작은오빠가 앉아 있다. 그리고 왼쪽 셋째 언니 옆에는 내가 치마와 저고리를 깨끗하게 차려 입고서 저고리 왼쪽 앞섶에 하얀 손수건을 옷 핀으로 매단 채 단발머리를 한 모습으로 야무지게 입을 다물고 정면을 응시하고 있다.

몸이 불편하신 어머니를 대신해서 셋째 언니는 어린 나의 기저귀도 갈아주고 또 업어주기도 하며 나를 돌봐주었다고 했다. 그런 언니를 나는 늘 따라다니곤 했던 기억이 있다. 언니 자신이 키우다시피 한 막내가 이제 막 초등학교에 입학한 것을 기념해 이 사진을 찍은 것이라고 한다. 그 입학식 때에는, 나는 어머니의 손을 잡고서 학교에 갔었다.

셋째 언니는 대단한 자긍심을 지니고 살아가는 사람들 중의 한 사람이었다. 혼기가 찬 언니들이 바깥출입이 자유롭지 못했을 때, 불가불 바깥으로 나가기 위해서는 아버지가 상주하다시피 하는 사랑채 옆을 지나가야 했는데, 그 곳에 아버지는 늘상 주의를 게을리 하지 않으셨고, 그래서인지 집에 있는 시간이 많은 언니들이었지만, 그럭저럭 집에서 잘 지내고 있었던 것도 같다.

배우기 쉽고 부르기 좋은 대중가요를 배우려 애쓰지 않았고, 명곡만을 골라서 부르기를 고집하는 셋째 언니를 보고 다른 언니가 "그런다고 네 수준이 높아지느냐?"고 놀리기도 했지만 소용없었다.

가을이 되어 잘 익은 벼를 거둬들여 정성스레 말려서 방아를 찧게 되는데, 이 때 얻어지는 왕겨는 땔감으로 사용되곤 하였다. 아궁이 속에 솟대를 대고 한 손으로는 풀무를 돌리고 다른 손으로는 왕겨를 뿌리며 불을 때게 된다. 이 때 풀무 돌아가는 소리가 요란하게 나는데, 평소 큰 소리로 노래를 연습할 수 없었던 언니는 그 때를 놓치지 않고 신나서 노래를 부르곤 했었다. 순간 부엌은 요즘의 '노래방'이 되어 버리곤 했다.

그 후 결혼한 언니는 여러 해가 지난 후에야 두 남매를 자녀로

두게 되었다. 그 아이들이 미처 성인이 되기 전 어느 날 형부를 여의고 홀로 되게 되었다. 생전에 그토록 반대하던 교회에 나가게 되고 새벽제단까지 쌓기 위해 금호동 골짜기를 오르내리던 언니를 여러 해 신앙 문제로 힘들게 하던 형부가, 병이 깊어 죽음 직전에 이르러서야 주님을 받아들여 평온한 모습으로 이승을 떠나갔다.

전혀 사회생활을 경험하지 못했던 언니는 생활전선에 나설 수밖에 없게 되었다. 처음에는 몹시 힘들어하고 고통스러워하던 언니였지만 지금은 십 년이 넘게 두 아이를 잘 기르며 씩씩하게 살아가고 있다.

추억을 먹고 살 나이가 된 걸까.

한 장의 사진은 지난날의 많은 일들을 생각나게 한다.

전화 벨 소리에 수화기를 들었다. 조금은 들떠 있는 듯이 보이는 언니의 목소리가 들려왔다. 지금 노래방에 와서 노래를 불렀는데 99점이 나왔다고 하면서 팡파레까지 울려 퍼졌다며 좋아하였다.

"언니 수준이 있지 어떻게 '가요'를 부를 수 있느냐?"며 내가 웃으며 말했더니 언니는 '가곡'을 불렀다며 옛날 자신의 모습을 기억해 준 내 말에 기뻐하였다.

통화가 끝난 후 나는 나를 많이도 사랑해 주었던, 이제는 이순(耳順)이 지난 언니의 생애를 생각해 본다. 언니는 아직 꿈을 먹고 살아가고 있다.

결코 순탄한 인생길이 아니었던 언니는 삶에 좌절할 수밖에 없었을 때라도 절망의 늪 속으로 빠져들지 않았다. 언니는 언제나 희망이라는 빛을 향해 달려가고 있었다. 아마도 평소의 어머니의 말씀대로 똑똑하고 야무져서 잘 살아가고 있는 것인지도 모른다.

<『기독문예』 창간호, 1994>

떨어진 감

뜨거운 태양의 열기를 조금이라도 피해 보려고 받쳐든 파라솔 위로 느닷없는 소나기가 떨어진다. 한 방울 두 방울 떨어지던 빗줄기가 금방 굵어지는 것이 파라솔을 받쳐든 손에 미친 힘의 감촉으로도 느껴진다.

갑자기 먹구름이 끼어 앞이 캄캄해지고 천둥 번개까지 동반하니 더 이상 걸어가기가 힘들었다. 눈에 보이는 대로 남의 집 대문의 처마 밑으로 들어가 빗줄기가 가늘어지기를 기다리기로 했다.

힘찬 빗방울로 아스팔트 위는 하얀 거품이 일고 있었다. 무심하게 그 모습을 바라보는 내 눈길에 연녹색의 작은 알맹이들이 들어온다. 그것들은 온 길바닥에 흩어져 있었고, 비에 젖어 반들반들 윤기가 흘렀다.

퍼뜩 "감이 떨어졌구나." 하는 생각이 들었다. 이곳에 감나무가 있었나 하고 머리를 들어 쳐다보니 담장 밖으로 휘어진 가지에 감이 주렁주렁 열려 있다.

자주 지나다니는 이 길이었지만 감나무는 처음 본다. 이 마을은 집집마다 대추나무가 한두 그루씩은 있었다. 앵두나무, 목련, 라일락과 함께 넓지 않은 마당을 채우고 있었다.

감나무는 흔하지 않아 잘 보지를 못한 모양이다.

그렇다면 봄철 감꽃이 하얗게 피었을 것이고 하얀 감꽃은 길바닥에 떨어져 분명 나는 그 모습을 보았을 법도 한데 기억이 없다.

어렸을 적 나는 감꽃이 하얗게 피었다 떨어지기 시작하면 감꽃을 주워 모아다가 떨떠름한 그것을 연신 입에 넣기도 하고, 실로 꿰어 목걸이를 만들기도 했으며, 또 팔찌도 만들어 걸고 다니곤 했다.

꽃이 미처 다 떨어지기도 전에 감꽃 밑동에 팥알 만한 감이 달려 있는 것이 보이기 시작할 때면 나는 서성거리던 감나무 밑을 애써 떠날 수밖에 없다.

그러다가 어느 천둥 번개를 동반한 태풍이 몹시 불던 밤의 어수선함 속에서 자고 일어난 새벽녘, 가을걷이를 미리 걱정하는 듯한 집안 어른들의 수런거림 속에서도, 나는 먼저 안방 뒷문을 열고 뒤란의 감나무 밑을 쳐다보곤 하였다.

그 곳엔 윤기가 자르르 흐르는 작은 감들이 파랗게 깔려 있었다. 슬며시 일어난 나는 뒤란으로 가 무슨 보물이라도 발견한 양 주섬주섬 그 떨어진 감들을 주워 치마폭에 담아다가 목욕탕 앞의 작은 마루에 걸터앉아 쭈욱 진열하기 시작한다. 손으로 만져봐도 감촉이 좋고 그것으로 공기놀이를 해도 싫지 않았다.

그러나 그런 즐거움은 오래 가지 않았다. 내가 방에서 없어진 것을 알게 된 언니는 곧바로 뒤란으로 쫓아와서 일껏 진열해 놓은 그 감들을 무지막지하게 쓸어다가 두엄더미에 갖다 버리고 만다. 장마철에 어렵게 빨아 손질해 입힌 옷에 거뭇거뭇 감물이 들지 않을까 우려했기 때문이다.

감물은 삶아도 지지 않고 힘들어 손질해 입혀도 옷이 지저분해 보이므로 언니는 감을 가지고 노는 것을 싫어했다. 아버지 역시 "떨어진 감은 아무 쓸모가 없단다. 그대로 놓아두면 썩어 냄새가 나고 벌레가 날아든다."고 하시며 싹싹 쓸어다가 버리신다.

가을이 되어 감들이 붉어지기 시작하면 나는 또다시 감나무 밑을 기웃거리기 시작한다. 학교에서 돌아와서도, 밖에서 놀다가 돌아와서도 그 곳에 먼저 달려가 어제 보아둔 감이 얼마만큼 더 붉어졌는가를 확인하곤 한다.

나는 감나무 밑에 누워서 빨갛게 익은 감이 떨어지기를 한가로이 기다리고 있지는 않았다. 치밀한 계획을 세운 다음 감나무에 오르기를 작정한다. 발을 디디면 곧 부러질 것만 같은 감나무의 가느다란 가지 끝에까지 다가가, 거기에 달려 있는 먹음직스런 홍시가 내 손에 잡히는 순간, 그 때의 그 기분은 아무도 모를 것이다. 며칠을 기다리며 벼르다 잡은 홍시감을 따서 내려오는 기쁨은 참으로 크다.

낙엽이 된 이파리가 떨어지고 불긋불긋하게 익은 감의 숫자가 늘어가면, 봄철 하얗게 피었던 감꽃보다도 감은 더 예뻐 보이고 탐스러웠다.

까치밥으로 몇 개만 남기고 따낸 감을 아버지는 쓰임새에 따라 몇 가지로 분류하신다. 연시감용으로 곶감용으로 그리고 설익은 감은 떫은맛을 우려내고 먹을 양으로 갈무리하기도 한다.

짚을 한 겹씩 깔아가며 항아리에 앉혀둔 감은 연시용이다. 빛깔이 고운 연시는 제상에 오르고 귀한 손님 앞에 선뵈기도 하며 귀하게 여김을 받는다.

여러 번의 손길을 거친 곶감 역시 대우를 받기는 마찬가지다.

맛있는 홍시와 곶감을 손에 넣을 때쯤에는 초여름 비바람에 떨어져 땅에 굴러다니던 풋감 같은 것들을 아무도 기억하지 않는다. 다만 나이 어린아이의 호기심을 잠깐 동안 끌었을 뿐, 어른들에 의해서는 아무짝에도 쓸모가 없다 하여 두엄더미에 버려지고 만다.

영글지 못하고 떨어진 감의 말로다.

눈앞이 환해지는 것 같아 하늘을 보니 비는 어느새 개이고 햇빛이 밝게 빛나고 있다.

지금 내 앞에 뒹굴고 있는 윤기가 자르르 흐르는, 떨어진 저 감들도 얼마 지나지 않으면 주인의 빗질에 쓸려 쓰레기통 속으로 버려질 것이 아닌가.

<계간 『한국수필』 1994년 가을호>

홍제원의 목욕

방금 배달된 아침 신문을 펼쳐든 나는 북한의 핵사찰 거부, 미국 유학 오렌지족의 패륜 행위…… 등 여러 가지 기사들을 마치 불감증에 감염된 사람처럼 건성으로 넘겨가고 있었다.

마지막 지면을 대강 읽고서 덮어 버리려고 하는데, 하단의 일단 짜리 기사가 갑자기 나의 눈길을 멈추게 한다.

"일(日) 총리 한인 위안부 첫 면담. 하타 총리가 국회복도에서 한국과 필리핀 출신 전 종군 위안부 11명과 비공식적으로 만나 일일이 악수를 교환한 뒤 위안부 문제를 해결하기 위해 노력하겠다고 밝혔다. 비공식적이기는 하나 총리와 만남이 이루어진 것은 이번이 처음이다."

그 일단 짜리 기사 내용은 이러했다.

며칠 전 방일 정신대협 할머니들이 일본 총리와의 면담을 요구하는 과정에서 경비원으로부터 구타를 당했다는 보도를 보았었다.

그 때 나는 목구멍으로 뜨거운 무엇이 치밀어 오르는 것 같았다. 나라를 잃은 슬픔이 어찌 그들에게만 있었겠는가.

지난겨울 내내 머릿속을 떠나지 않았던 생각들이 다시금 꿈틀대기 시작한다. 한강에서 서식하던 겨울 철새들에 관한 것이다.

흐르던 한강 물위에 떠있던 한 무리의 철새들이 일시에 날아오르는 모습은 마치 하얀 꽃 이파리들이 바람에 날리는 것처럼 보였다. 그런데 햇빛을 받아 반짝이는 아름다운 모습을 보면서 나는 왜 하필 슬픔을 느껴야 했을까.

그 때 나는 낙화암에서 백마강에 몸을 던진 삼천 궁녀를 보았던 것이다. 그 때의 그러한 생각이 왜 나를 붙들고 놓아주지 않는 것인지 모르겠다.

백제는 나당 연합군에 의해 멸망한 왕국이다. 이 세상에서 일어섰다가 쓰러졌던 왕국이 어찌 한 둘 일까마는, 백제처럼 궁터의 벽돌 하나 남기지 못한 왕국이 또 어디 있단 말인가.

당 나라 소정방은 백제를 깡그리 무너뜨리고 의자왕을 비롯하여 태자와 대신 등 일만 이천 팔백여 명을 포로로 데려가 버리고 만다.

백제의 장군 계백은 출전하기 전 아내를 비롯한 가족들을 모두 죽이고 전쟁터로 나가게 되고, 궁에 남아있던, 군주를 잃어버린 삼천 궁녀는 백마강에 몸을 던진다. 적군에게 능욕을 당하느니 차라리 스스로 목숨을 버린 백제의 여인들.

이것이 백제 여인의 정절인가.

그 후 조선시대의 여인들은 어떠했을까.

병자호란으로 인해 남한산성으로 피난을 가 있던 인조는 추운 겨울 언 땅에 무릎을 꿇고 청 태종에게 항복하고야 만다. 이로써 척화신 삼학사가 청 나라로 끌려가게 되었고, 앞서 전란 중에 끌려갔던 아녀자들은 고국으로 돌아오게 된다. 이름하여 환향녀이다.

이는 정절을 지키지 못한 여인이란 뜻을 지닌 말의 어원이 된다. 인조는 그들에게 "홍제원에서 목욕을 하고 성안으로 들어오면, 이것으로 이들은 순결해진 것이다."라고 했다.

백성의 아버지인 군왕이 연약한 딸들을 잘 지키지 못한 것에 대한 일종의 참회의 조치라고 해 두자.

그리고 또 한일합방이 되고 일제 말기 백성의 어버이인 군왕을 잃은 이 땅의 서러운 딸들은 또다시 종군위안부로 끌려가게 된다. 전쟁 말기에 그들이 겪어야 했던 참혹한 상황은 그 동안 언론매체 또는 TV 드라마로 다루어져 대강은 많은 사람들에게 알려졌다.

전쟁이 끝나 눈물과 한을 안고 돌아온 고국에는 그들을 안타까운 마음으로 맞이해 줄 어버이가 없었다. 상처투성이의 패잔병이 되어 돌아온 그 여인들이 갈 곳이 없어 어찌할 바를 몰라 하는 그 정경이야말로 얼마나 절박한 것이었을까.

그들이 몸을 깨끗하게 씻을 홍제원은 없었다. 이제 이 땅의 서러운 딸들은 어찌할 것인가.

꿈에도 그리던 부모형제가 있는 고향에도 갈 수가 없다. 초롱불 밑에 다정하게 둘러앉아 미래의 분홍빛의 꿈을 얘기하던 옛 친구들도 그들에겐 없다. 그런 대로 아픈 상처를 미봉한 채 살아온 세월이 반세기가 된다.

꽃 같은 나이로 끌려간 그들은 이제 팔십이 가까운 할머니들이 되어 우리들 앞에 서 있다. 그 많은 세월 동안 한과 설움으로 지새웠을 전 위안부 할머니들의 눈물을 어느 누가 닦아줄 것인가.

"홍제원에서 목욕함으로써 이제 정결하게 되었다."

이렇게 말해 줄 오늘의 인조대왕은 우리에게 없단 말인가.

<동아일보 기사(1994. 6. 10)를 읽고 나서>

향 기

나는 단지 내에 있는 어린이놀이터 옆을 지나고 있었다.

내 앞으로는 잘해야 초등학교 1, 2학년쯤 되어 보이는 여자 어린이들이 손을 잡고서 가고 있었다. 아이들은 마주보며 무슨 말인가를 하고 있었다. 아이들과의 거리가 점차 가까워지자 그들의 말소리가 들리기 시작했다.

한 아이의 말이 "너는 피아노를 잘 칠 수 있어서 좋겠다. 나는 잘 칠 수도 없고 연습하기도 싫다"고 하였다.

"그래도 너는 그림을 잘 그릴 수 있어서 좋겠다. 나는 그림을 잘 그릴 수 없어 부끄럽다."고 옆의 아이는 말하였다.

스쳐 지나면서 바라본 두 아이의 얼굴의 모습은 깔끔하고 예쁘다. 그만 또래의 아이들은 서로 자기가 무엇이든지 더 잘 할 수 있다며 우기기만 하는 줄로 알았는데 조금은 의외였다.

그런 생각을 하며 걸어가는데 은아, 정아 자매의 얼굴이 갑자기 떠오른다. 그와 함께 향긋한 향기가 풍겨오는 것도 같았다.

이 두 자매는 이웃에 살던 아이들로 유치원생이었다. 나와 친하게 지내던 친구는 동생 정아였다. 단독주택에서만 살아오던 내가 아파트로 이사온 지 얼마 안 되어 이 아이들과 친구가 되었다. 그 계기는, 아이들의 엄마가 외출 중이었을 때 예정보다 빠른 시각에 아이들이 집에 돌아와 잠겨진 현관문 앞 복도에서 큰소리로 울고 있었기 때문이다.

봄이라고는 하지만 아직은 추운 날씨이고 또한 우는 아이들을 그대로 방치할 수도 없어서 우리 집에 들어가자고 권해 보았지만 고개를 좌우로 흔들 뿐 도무지 말을 들으려 하지 않았다. 여러 가지 궁리 끝에 경비 아저씨한테 애들의 엄마가 오면 우리 집에 은아, 정아가 있으니 그리로 오라고 부탁하고서야 제 엄마가 집에 돌아온 후 자신들을 찾지 못할까 봐 걱정하는 것 같았기 때문이다.

우리 아이들이 다 커 버려서 아이들이 가지고 놀 만한 장난감이 없어 난처한 중에 피아노 위에 놓여 있던 막내딸아이의 인형을 발견하고서 건네주었다. 그 인형은 태엽을 감아주면 음악소리가 나오고, 그 소리에 맞춰 고개를 살랑살랑 흔들며 귀여운 미소를 짓는 것이었다.

머리맡에 항시 놓아두던 사탕봉지도 내어 주었다. 몸이 건강치 못한 나는 자주 입안이 써서 가끔 사탕 한 알씩을 입안에 넣곤 하는 까닭에 사탕 봉지가 있었다. 그날 이후로 아이들과 나는 친구가 될 수 있었다.

그러던 어느 날 아이의 울음소리가 또 들려 나가보니 동생인 정아가 현관문을 열어놓고 문 옆에 서서 혼자 울고 있었다.

사태를 짐작하고 또 다시 우리 집으로 가자고 해도 듣지 않고 문을 닫고 안에 들어가 있으라고 해도 싫다고 한다. 마냥 밖에 서 있을 수가 없어 돌아서면 다시 울기 시작하니 할 수 없이 의자를 가지고 나와서 아이와 함께 밖에 앉아 있었다.

아이는 하품을 하며 자주 눈을 비비곤 하였다. 잠든 아이를 두고서 아이엄마가 잠깐 볼 일 보러 간 사이에 아이가 잠에서 깨어나 나온 모양이다. 아이를 내 품안으로 안아들이면서 엄마가 오시면 깨워줄 테니 졸리면 자라고 하였다. 아이는 금새 내 품안에서 잠이 들었다. 잠든 아이의 통통한 두 볼을 들여다보고 있던 나는 알퐁스 도데의 소설「별」가운데 주인집 아가씨가 잠이 들어 자기 어깨에 고개를 가만히 기대오자 이 세상에서 가장 아름다운 별이 지금 여기에 잠들어 있노라고 하던 그 목동의 모습이 떠올랐다.

아이에게서는 라일락 향기 같기도 하고, 아카시아 향기 같기도 한 향내가 나는 것 같았다. 실제로 아이한테서 나는 것인지 혹은 주변의 아카시아 나무에서 나는 향내가 바람에 실려오는 것인지는 잘 알 수 없었다. 그러나 아이에게 향기가 있다면 아마도 그러한 향내일 것이라는 생각이 들었다.

사람에게서 향내가 날 수 있다고 하는 생각에 나는 잠긴다. 어쩌다 빳빳하게 풀을 먹인 하얀 모시 두루마기를 입은 노인의 모습을 보게 되었을 때, 나는 해묵은 사랑에서나 날 듯한 묵향내를 맡을 수 있고, 또한 옥색 한복을 곱게 입은 할머니의 모습에서는 책

갈피에 넣어 둔 묵은 국화꽃 향내를 맡기도 한다.

얼마를 더 친구처럼 지내다가 그 아이들은 다른 곳으로 이사갔다. 그러나 옛날의 정아를 생각할 때마다 그 때 맡곤 하던 라일락 향기가 물씬 풍겨오는 것 같다.

<동인지 『사계』 제3집, 1994>

산 담

어제 제주도에 도착했을 때는 어느덧 해질녘이 되어 있었다. 습기 찬 바닷바람을 맞으며 바라본 서쪽 하늘은, 저녁 노을이 노랗게 물들어 여러 모양으로 변화하는 구름과 조화를 이루어 아름다웠다.

미리 나와 대기하고 있던 안내자를 따라 우리 일행은 곧바로 차에 오를 수 있었다. 고운 빛깔의 저녁 노을을 등에 진 채 화사하게 미소짓는 분홍빛 꽃무리가 나를 반가이 맞이한다. 꽃의 이름이 무엇인지 궁금하다.

여기까지 오는 데 25년의 세월이 걸리다니.

그 동안 수없이 계획을 세워 보았지만 매번 떠나오지 못하다가 금년 여름방학이 끝나갈 무렵에야 나(우리)는 겨우 이곳엘 찾아올 수 있었던 것이다.

올해에는 기어이 떠나겠다고 장담해 오던 남편은 오늘따라 의미 있는 미소를 지어 보인다. 나도 덩달아 웃지 않을 수 없었다.

검푸른 바다가 내다보이는 숙소인 호텔도 피서철이 끝나가서인지 한가로웠다.

오늘 아침 후드득 창문을 두드리는 빗소리에 잠이 깨었다. TV 기상예보는 흐리다가 비가 자주 오겠다고 한다.

용두암 관람으로 시작된 관광은 몇 군데를 거쳐 민속마을에 도착했다. 뜸하던 빗줄기가 굵어지기 시작하는 바람에 처마 안으로 들어서는 우리 일행을, 문이 열린 방안에 앉아 있던 노파가 윤기 없는 얼굴로 무심하게 바라본다.

지은 지가 300년이 넘는 제주도의 전통가옥인 이 집은 장희빈의 동생 장희재가 귀양살이를 했던 곳이기도 하다고 하였다. 가옥뿐만 아니라 팔순이 넘은 주인인 할머니와 장남 내외까지도 무슨 전통적인(?) 분위기를 풍겨 주는 것만 같다.

할머니는 독립된 살림을 하고 있었다. 생계는 물론 밥이며 빨래와 청소까지도 스스로 해결하고 계신다. 우리로서는 이해가 잘 가지 않지만, 젊은이가 시중을 들게 되면 오히려 노인에게 불효가 되기에 어쩔 수 없다고 한다. 만약 시중을 들게 되면 이 세상에서 쓸모 없는 인간이 되었다고 노인이 섭섭해하며 화를 몹시 낸단다. 제주도 '할망' 거개가 그렇다는 것이다.

안내를 하는 비바리의 설명을 듣는 중간 중간에 방안의 할망은 연신 고개를 끄덕이곤 하였다. 굽은 등과 고개를 숙인 허름한 차림새의 할머니 모습에서 나는 가슴속에 어떤 아픔 같은 것이 파고드는 것을 느꼈다. 자신들의 사생활이 많은 관광객들에게 훤히 드러나 보이게 되니 지금 앉아 있는 자리가 편하지만은 않을 것이다. 그렇다고 이렇게 비가 쏟아지는 날 평일처럼 산을 오를 수도 없고, 그렇다고 방에서나마 편하게 쉴 수도 없으니 매우 딱하리라는 생각이 든다.

돌아가기 위해 웅성거리는 사람들 때문에서인지 할머니는 숙였던 고개를 들었다. 무표정한 얼굴은 마치 꿈속에 잠겨 있는 것처럼 몽롱해 보이나 언뜻 스쳐 지나가는 눈길에서 희미하게나마 빛이 나는 것을 볼 수 있었다. 그것은 바로, 아직도 자신의 인생 속에서 살아야 할 가치가 있다는 것을 은연중 나타낸 것이리라. 먼 산을 향해 눈길을 돌리는 할머니는 그곳에 아직 자신의 손길을 기다리는 약초나 산나물을 뜯어다가 필요한 사람들에게 가져다주어야겠다는 생각을 하고 있는 것인지도 모르겠다.

“안녕히 계십시오, 할머니.” 라는 말을 남기고 돌아서는 남편을 향해 할머니는 심상한 표정으로 고개만을 까딱 하고 움직인다.

우린 다시 차에 올랐고 비는 더 많이 쏟아진다. 뿌옇게 흐려진 시야로 열 지어 다가왔다가 물러서는 꽃무리들이 있다. 어제 보았던 그 꽃들이다.

유도화라고 안내자는 말한다. 꽃 이름이 참 곱다는 생각을 했다.

잎은 버드나무를, 꽃은 복사꽃을 닮았다 하여 지은 이름이라고 한다. 향기는 없고, 옛날에는 사약으로 쓰기도 하였다는데, 그래서인지 서늘한 기운이 다가오는 것도 같다. 뱀이 많은 이 고장에서는 그 접근을 막아주기 때문에 집 주위에 많이 심는다는 것이다.

화사하고 아름다운 모습 속에 그러한 독성이 숨어 있다니 놀랍다고나 할까.

산굼부리를 돌아서 내려올 때 보았던 묘담이 이 곳 산이나 들판 곳곳에서도 눈에 뜨인다. 묘지를 정사각형으로 뺑 둘러서 돌담을 쌓아 놓았다. 어떠한 것은 정교하게 또 어떤 것은 엉성하게 쌓아 놓은 돌담 속에 풀들만이 무성하게 자란 묘지도 있다.

여기선 이를 산담이라고 한단다.

'벌초 방학'을 실시할 정도로 묘지관리에 정성을 쏟는 이곳 사람들은 산담을 쌓는 일에도 법칙이 있다는 것이다. 묘주가 살아생전에 선행을 하여 많은 공덕을 쌓았다면 정교한 산담을, 자기 일신만을 위해 그럭저럭 살다간 사람은 그만큼 대충대충 산담을 쌓아주게 된다는 것이다.

그렇다면, 방금 돌아 나온 민속마을의 할망은 지금도 자신의 산담을 쌓아가고 있는 중이리라.

문득 돌아가신 할머니의 영상이 떠오르는 것은 웬 일일까.

시집와 처음 뵙게 된 할머니는 고혈압으로 한쪽 손과 발이 자유스럽지 못한 칠순의 노인이었다. 불편한 몸으로 성한 나보다도 더 많은 일을 하시는데, 궂은 일 힘드는 일을 집안에서뿐 아니라 교회에서도 남 먼저 하시려 들곤 했다. 뿐만 아니라 이웃 어려운 처지에 놓인 사람 역시 돌보기를 게을리 하지 않으셨던 할머니는, 사후에 남아 있는 사람들 몇몇에겐 아득한 그리움 같은 것을 느끼게도 해 주었다. 그런 할머니가 돌아가시기 전 내 손을 꼭 붙잡고 말씀하셨다. 여기서 내막을 다 털어놓을 수도 없으리만큼 나는 참으로 참담하고 난처한 처지에 놓여 있던 때였다.

인생이란 항상 화창한 봄날일 수는 없단다. 맑은 날보다도 궂은 날이 더 많을 수도 있을 것이다. 가을이 오면 잎이 떨어지고 빈 몸이 되지만 열매가 맺어진다. 한겨울이 되면 헐벗은 자는 추위에 떨어야 하겠지만 이내 봄은 오고야 만단다. 한파에 몹시 떨었던 사람일수록 포근한 봄날의 축복을 더욱 고마워할 것이다.

네게 어떠한 어려움이 닥쳐올지라도 희망을 잃어서는 안 된다. 너희에게 맡겨진 사명이 너무 커서 지금 잠시 동안 어려운 처지에 놓여 있다고 해도 하나님이 늘 함께 하시니 봄날은 곧 다가올 것이다.

이 말씀은 지금껏 살아오는 동안 나에게 많은 힘이 되어 주었다. 나는 마음속으로 할머니의 산담을 쌓아 본다. "세상에서 상을 다 받아버리면 천국에서 받을 상이 없어진단다……." 그 때의 할머니의 말씀이 귓가에 쟁쟁히 들리는 듯하다.

안개가 서려 뿌옇던 차창이 말갛게 밝아지며 시야가 넓어진다. 유도화며 산담들이 선명하게 모습을 드러내 보인다.

나는 옆자리에 앉아 있는 남편의 얼굴을 바라보았다. 사색에 잠겨 있는 듯한 얼굴 모습 위로 쓸쓸한 미소가 스쳐 지나간다.

"안녕히 계십시오, 할머니." 하며, 다른 일행이 별로 눈길조차

주지도 않던 그 할망에게 굳이 작별인사까지 하던 그이의 마음을 이제 알 것만도 같다.

<계간『현대수필』1995년 겨울호>

미완의 기도

쓰르르……. 풀벌레 소리가 바람 따라 밀려왔다가 스러져 가는 파도소리처럼 스르르 사라져 간다.

학교 담장의 장미 덩쿨에서 빛을 잃은 장미 한 송이가 스치는 바람에 힘없이 떨어져 내린다. 한때 화려하고 고왔을 꽃송이. 이제 시들어 색바랜 꽃 이파리가 되어 흩어져 날아간다. 낙화되어 날리며 고향으로 돌아가는 그들의 작은 목소리가 듣고 싶어진다. 조용하게 두런두런 소곤소곤하는 것 같기도 하다. 그 중 하나는 작은 오빠의 소리일는지도 모르겠다.

가을이다.

가을은 어쩔 수 없이 상심의 계절이다. 무성한 삶을 거두고 떨어지는 낙엽에서 쓸쓸하고 허전한 생각이 든다. 메마른 풀잎과 흩날리는 이파리들을 자신의 품으로 안아들이는 대지를 바라보며 잠깐의 이별이 아쉽지만 다시 만날 수 있다는 데 위안을 얻으며 나는 잔잔한 마음이 되어 가을하늘을 바라본다. 떠나 보내는 상심의 마음을 고운 노을이 가득 채워주는 것 같다.

"아악." 비명소리가 들렸다.

단지내 인도 위에 자전거와 함께 넘어진 아이는 초등학교 3·4 학년쯤 되어 보이는 사내아이였다. 조금 떨어진 잔디밭에, 머리에 리본을 맨 여자아이가 일어서는 중이었다.

"오빠, 안 아파?" 하며 다가서는 여아를 밀어내며,

"안 아파." 퉁명스럽게 말하는 아이의 얼굴은 제 말과는 달리 아픔을 참느라 울상이다. 자전거를 바로 세우고는 절룩거리는 다리로 뒤를 돌아보며 빨리 타라고 재촉한다.

"오빠, 할 수 있어?" 의심이 가득한 눈으로 바라보면서 잠시 주춤거리다가 자전거 뒷자리에 가 앉는다. 아이들은 두어 번 비틀거리다가 이내 시야에서 사라지고 만다.

아이들 고개 너머로, 학교 운동장도 건물도 아이들의 모습도 저녁 노을에 곱게 물들어 가고 있었다. 운동장에서 뛰어 노는 아이들의 소리는 점점 더 크게 들리고, 헤어져 집으로 돌아갈 시간이 가까워졌는지 더 조바심 치며 뛰고 소리치고 야단들이다. 잠시 긴장되었던 마음이 풀리면서 낡은 그림 하나가 머리를 스치며 지나간다.

한 소년이 땀을 흘리며 힘겹게 걸어가고 있다. 그보다 조금 어려 보이는 볼 품 없는 계집아이를 등에 업은 채 걷고 있다. 등에 업힌 아이의 얼굴은 눈물콧물 범벅이 되어 잠들어 있었다.

작은오빠는 그 때 초등학교 3학년이었던가?

본교는 바로 우리 집 앞에 위치해 있었지만 6·25 사변으로 불타버려 교실이 부족해 장터 근처에 있는 가(假) 교사에서 2·3학년이 공부를 하던 때이다. 마침 날씨도 따듯한 봄날, 심심한 동네의 아이들과 어울려 그곳에 가게 되었고 처음 보는 풍경에 여기저기 기웃거리던 나는 언니·오빠들이 공부하는 교실을 창문으로 들여다보게 되었다.

낯선 곳에서 두려움과 떨림이 있었던 나는 교실 안에서 열심히 공부하고 있던 작은오빠를 발견하게 되고 안도와 함께 집에 가고 싶다는 생각이 들었던 것 같다.

"보한아, 집에 가자."

무례(?)하게도 오빠의 이름을 마구 불렀다. 금방 달려올 줄 알았던 오빠가 신청을 안 하자 더 크게 소리치며 울기 시작했다. 공부를 가르치던 선생님이 이를 딱하게 여겼던지 동생을 데려다 주고 오라는 허락을 하였고, 오빠는 그 날 나를 업고서 5백여 미터가 되는 신작로를 걸어서 집에 왔었다고 한다.

무겁고 어두운 소식이 고향으로부터 들려온 것은 추위가 기승을 부리는 1월 중순이었다. 한강 물이 꽁꽁 얼어붙어 하얗게 드러나 보였다. 천호대교 밑 반원의 얼음 위에서 먹이를 먹고 있던 겨울 철새들이 갑자기 날아오르는 모습이 바람에 흩날리는 꽃잎파리처럼 보였다. 그 때 나는 왜 낙화암에서 꽃잎처럼 떨어졌다는 삼천 궁녀들을 생각했는지 알 수가 없다.

따르릉 울리는 전화벨 소리에 무심히 수화기를 집어들었다.

"아야, 나다야, 나."

"으응, 큰언니 웬 일이야?" 나는 인사말 안부조차 묻지 않고, 대뜸 웬 일이냐고 다그친 꼴이 되었다. 착 가라앉은 언니의 목소리 탓이었는지 긴장이 되었던 것 같다.

"애들 잘 있지야?" 태연하게 말하던 언니가 "무슨 일이 있는 거야, 언니?" 다시 묻는 내게 "별 일은 아니고, 작은오빠가 몸이 조금 아프다고 하더라. 시간 있으면 한번 다녀가거라. 2월 4일 수술 날짜가 잡혀 있단다." 수화기를 내려놓으면서 나는 한참 동안 두근거리는 마음을 수습할 수가 없었다.

군대를 제대한 지 얼마 안 된 아들아이가 며칠 전에 고향에 다녀와서 하던 말이 떠올랐다. 작은외삼촌이 몸이 몹시 야위었더라고 했다. 천명을 안다는 50을 갓 지난 오빠가 죽음의 문턱에 서 있다는 소식은 큰 충격이었다.

그리고는 50일이 지나, 나는 망월동 장지에 이렇게 서 있게 된 것이다. 수술 예후가 별로 좋지 않아 중환자실에 있었던 관계로, 나는 고향에는 내려갔지만 오빠와 상면하지는 못했다. 히포크라테스 선서를 앞둔, 의사 후보생인 그의 아들은 오빠를 많이도 닮았다.

오빠는 히포크라테스 선서를 하고 싶어하였다. 그것은, 나중에 늙어서까지 살게 되면 작은아들과 함께 살고 싶어했다는 어머니의 지병을 고쳐드리기 위해서였다. 그 어머니는 오빠가 고1이 되던 해 봄에 돌아가셨다.

어머니의 기일이 지난 얼마 후, 오빠는 자신의 생일을 며칠 앞두고 사랑하는 아내와 세 자녀, 그리고 결코 너를 먼저 보낼 수 없다던 연로한 언니와 형제들을 뒤에 두고 훌훌 떠나가 버린 것이다.

어머니가 돌아가신 뒤 두견이 뚝뚝 지는 슬픔을 시로 옮겨 썼던 오빠는 고교 시절 학원문학상 시 부문에 입상하기도 하고 습작 소설을 몇 편 써내기도 했었다.

입원실로 옮겨졌다는 소식을 듣고 뒤에 찾아갔다.

"오빠, 괜찮아?"

나를 건너다보는 오빠의 눈빛은 흔들리고 있었다. 곧 무슨 감정을 분출할 것 같은 바로 그 눈빛은 반가움인지 서운함인지 서러움인지 가늠할 수가 없었다. 오빠는 목이 메이는 듯 고개만 끄덕일 뿐 말을 전혀 발하지 못했다.

나는 오빠의 손을 붙들고 그를 위해 처음이자 마지막으로 신 앞에 간절히 기도했다. 뼈만 남아 앙상한 오빠의 손에서는 감당키 어려울 정도의 힘이 느껴졌다. 자신의 삶에 대한 소망의 표출이리라.

"하나님, 살려 주세요. 영육간 모두를……."

오빠의 움푹 패인 두 눈 안에 맑은 구슬 방울이 맺히는 듯하다가 곧 야윈 뺨으로 흘러내렸다.

군대 가기 전, 잠시 고향에 내려가 쉬고 있던 기간이 있었다. 아버지와 바둑도 두고 뒷산에 올라가 노래도 목청껏 부르며 무료한 시간을 보내고 있던 오빠였다. 그 때 붓글씨로 정성들여 쓴 듯한 기도문이 벽에 붙어 있는 게 내 눈에 들어왔다.

자신이 지은 것인지 어디에서 보고 좋아서 옮겨 놓은 것인지는 물어보지 않아 모르겠다. 지금도 몇 구절이 생각난다. '주여'로 시작된 기도문은, 이어서 "나태와 침체의 늪에 빠져 있는 저를 건져 주시고……. 서광이 비치는 듯하다가 스러지기를 몇 번인지……. 주여, 이제부터 하나님을 바라 살게 하옵소서……."로 끝을 맺고 있었다. 교회에 다닌다는 청년 집사가 그 기도문을 보고하는 말이 "기도는 '예수님의 이름으로 기도 드립니다'로 끝나야 된다."고 일러주었다. 오빠는 웃었다.

기도문 그대로 그 모두가 서광이 비치는 듯하다가 스러지기만 했을까. 천명을 알게 된다는 나이에 오빠는 하늘의 뜻을 어떻게 받아들였을지…….

마지막 하나님을 바라 살겠다는 기도문의 신앙고백은 어떻게 완성되었을까.

병원 내의 예배실에 가겠다며 휠체어로 몸을 옮기던 중 그대로 쓰러져, 오빠는 다시 중환자실로 옮겨졌다.

육친의 임종은 슬픔이었다.

임종 직전, "하나님을 믿느냐?"는 물음에 고개를 끄덕였다며, 조카아이는 나를 붙들고 울었다.

"고모, 아빠는 천국에 가셨겠지요?"

장례식을 기독교장으로 하고 싶다는 부탁을 들어주지 못해 나는 몹시 마음이 아팠다.

오빠는 고향 마을이 내려다보이는 선산이 아닌 망월동 공동묘지에 묻혔다. 장지에서 산역을 하는 인부에게 오빠의 회사 직원 하나가 "참 좋은 사람이니 묘 잘 써 주시오." 한다.

"좋은 사람 가지고는 안 되지라." 인부는 무심하게 말했다. 의외의 말에 놀란 유족의 눈치를 알아차린 그 직원이 "무슨 말을 그렇게 하시오?" 따지듯 말했다.

"좋은 '일'을 많이 해야지라. 그래야 좋은 곳으로 갈 것이오." 그는 쓸쓸하게 웃으며 열심히 흙을 펴서 붓고 있다. 점점 무덤의 모양이 되어가고 있었다. 이제는 잔디가 덮여지고 있다.

무덤.

죽어서 남게 된 무덤이 죽은 자에게 무슨 의미가 있단 말인가. 망인을 기억하기 위해, 살아남은 자들이 만들어 놓은 한 증거물에 불과한 것이 아닌가.

오빠는 이렇게 하나의 무덤으로 남았다.

이제 돌아갈 시간이 되었다.

너무도 허무하다. 성서에는 "하루가 천년 같고 천년이 하루 같다."고 하였던가. 신이 인식하는 시간 단위일 것이다.

누구나 죽음이 임박해 오면 자신이 그 동안 살아온 시간이 한 순간처럼 생각될 것이다. 또한 '고통'과 '죽음에의 공포'의 시간은 한 시간이 천 년같이 느껴질 수도 있으리라.

가을은 '떠나고 헤어지는' 계절이라고 하던가.

열매를 더욱 영글게 하고 스러지는 낙엽들이 대지의 품으로 돌아가며 내는 조용하고 작은 목소리가 들리는 듯싶다.

남도 고향으로부터 한 소식이 전해져 왔다.

"막내 아가씨, 나 요즘 아이들과 함께 교회에 나가고 있어요."

홀로 남은 올케의 전화 목소리였다.

<동인지 『사계』 제6집, 1997>

제4부 / 단편소설 편

하얀 십자가

어떤 귀향

산이가 김포공항에 도착했을 때는 어느덧 해질녘이 되어 있었다. 차가운 바람을 맞으며 바라본 서쪽 하늘은 저녁 노을이 노랗게 물들어 여러 모양으로 변화하는 구름과 조화를 이루어 아름다웠다. 차가운 날씨 탓인지 사람들의 움직임이 빨라졌다. 덩달아 산이는 그들과 함께 썰물처럼 출구를 빠져 나왔다.

갑자기 눈앞이 흐려지더니 바람이 불기 시작했고 주위는 까맣게 어두워졌다.

“웬 소나기람.” 앞서 가던 김 실장이 난감한 표정을 지으며 투덜거린다.

그 때 마침, “김 실장님 여깁니다…….” 이마에 내려온 머리칼을 쓸어 올리며 김 기사가 바쁘게 걸어오고 있었다.

“아니, 김 기사가 어쩐 일로 여기까지…….”

“사장님이 모셔오라고 하셨습니다.”

김 실장은 말없이 뒤따르는 산이를 향해 “이봐 자네도 같이 타고 가지." 했다.

"아니, 저는 그냥……."

머뭇거리던 산이는 김 실장에게 밀려 차에 오르고 말았다.

"자네 집이 신림동이라고 했던가?"

"김 기사. 신림동으로 돌아서 가세."

"그러지요."

공항을 빠져 나온 차는 쌩쌩 달리기 시작했다.

2주일 전 떠날 때만 해도 고개를 숙이고 서 있던 벼들이 다 잘려나가 김포평야는 텅 비어 있었다. 문득 고향 운암리의 들녘이 언뜻 스쳐지나간다.

날씨 탓인지 사람들의 모습이 드물다. 도로변의 가로수들도 이미 옷을 벗었다.

잘려버린 가지들의 형상은 산이의 가슴을 아리게 하였다. 어느새 안개 같은 어둠이 걷히고 들녘은 빨갛게 물들어 있었다.

처음 기획실장인 석진이 해외출장 길에 입사초년생이나 다름없는 산이를 동행으로 지목했을 때 도무지 믿어지지가 않았다.

주위의 따가운 시선을 느꼈지만 들뜬 산이의 마음에 큰 영향을 주지는 못했다. 그 동안 남몰래 닦아온 어학실력은 그의 마음을 든든하게 만들어 주었다.

대학 선배인 석진은 산이가 방황할 때마다 도움을 주곤 하였는데 그는 산이의 유일한 후견인이었다. 난생 처음 타보는 비행기가 이륙하는 순간 그는 달빛처럼 창백했던 어머니의 얼굴을 떠올렸다. 새처럼 하늘을 날고 싶다던 어머니였다.

"이봐 산이, 무슨 생각을 그렇게 골똘히 하고 있어?"

석진이 산이 곁으로 다가앉으며 심각한 어조로 말하기 시작했다.

"지금부터 내 말 잘 들어. 현지에 지사가 있어 모든 편의를 봐주겠지만 자네도 알다시피 나는 회화에는 자신이 없어."

그것은 맞는 말일 것이다. 대학 시절 석진은 학생운동에 연루되어 몇 번의 제적과 복학을 거듭하였었다. 졸업을 한 후 산이는 장학금을 지급 받았던 A회사에 입사하여 기획실에 발령을 받게 되었었다. 출근 첫 날 기획실에서 뜻밖에도 석진이 손을 내밀며,

"산이, 오랜만일세." 하고 악수를 청했다. 그는 이 회사의 기획실장이 되어 있었다.

화염병과 돌을 던지던 친구가 전경에게 동물처럼 질질 끌려가는 것을 바라보며, 잔디밭에 앉아 아무렇지도 않게 카드놀이를 즐기는 친구들을, 그리고 도서관에서 머리를 싸매고 앉아 공부에 열중하는 친구나 선배를 곁눈질하며 산이는 어느 곳에도 끼이지 못한 채 주위를 서성거리기만 했다. 자신의 앞에 펼쳐지고 있는 현실 상황인식은커녕 점점 더 허탈감에 젖어 절망의 늪 속으로 빠져들어갔다. 마치 어둡고 차가운 동굴 속에 갇힌 것 같았다. 외롭고 두려운 생각이 들었다. 이유를 알 수 없는 패배감으로 가슴에 무거운 돌덩이를 얹어 놓은 것처럼 숨쉬기조차도 힘들 정도였다. 그 무렵 카투사에 지원했던 산이는 합격통지를 받았고 그것이 무슨 구원의 메시지이기라도 한 양 그는 학교를 떠나 군에 입대하고 말

왔다.

"아무래도 지사에 문제가 있는 것 같아. 자네는 항상 내 곁을 떠나지 말고 자료가 든 가방을 잘 간수하도록. 그리고 통역이 제대로 잘 되는지 주의 깊게 관찰하고 미세한 것이라도 이상한 것이 있으면 즉시 알리도록 하게. 사장님의 특명이야."

2주간의 해외출장은 석진의 예상대로였다. 우여곡절 끝에 일은 성사되었고, 의외로 예정보다 하루 앞당겨 귀국하게 된 것이다.

"신림동 사거린데요, 실장님." 하는 김 기사의 말에 산이는 퍼뜩 정신이 들었다.

"그럼 실장님 안녕히 가십시오." 하며 고개를 들었을 땐 뿌연 흙먼지를 일으키며 산이를 내려놓은 차는 저 만치에 달려가고 있었다.

문득 외롭다는 생각을 했다. 늘상 외로웠던 몸이다. 잘린 가로수 가지가 바람에 서로 부대끼며 비명을 지른다.

터덜터덜 비탈길을 오르기 시작한다. 10여 년을 오르내리던 이 길이 오늘따라 낯설다. 혜란이라도 옆에 있었으면 하다가 쓴웃음을 지었다.

골목 꺾여진 길로 들어서려던 산이는 무슨 인기척인가에 놀라 뒤를 돌아보았다. 바람결에 쓸려 공중으로 올라갔던 검은 비닐 조각이 이제 막 전봇대 근처로 내려오는 중이었다.

산이는 곧 달포 전에 보았던 한 노인의 모습을 떠올리며 진저리를 쳤다. 그날도 퇴근하고 막 골목길을 돌아서는데 뭔가 끌어당기는 듯한 힘에 밀려 뒤를 돌아보았다. 허름한 차림의 노인이 이제 막 눈길을 거둬들이며 하나둘 불이 켜지기 시작하는 산 아래의 전깃불을 무심하게 바라보고 있었다. 반짝 빛나는 듯하다가 스러지는 그 눈빛은 낯익은 것 같았다. 무엇에 쫓기듯 무턱대고 그는 하숙집을 향해 빠르게 걸어가고 말았다.

바쁘게 대문을 밀치는데 열리지 않았다. 인기척에 하숙집 아주머니가 문을 열어주며

"골목 입구에 웬 수상한 노인 하나 없던가? 오늘 하루종일 우리 집을 기웃거리길래 문을 잠가 버렸어."

대문을 들어서려던 그는 '혹시' 하는 생각에 재빨리 돌아서 달려가 보았으나 가로등 밑은 이미 비어 있었다.

색이 바랜 밤색 잠바에 찌그러진 중절모를 쓰고 때가 절은 곤색 가방을 옆구리에 낀 채 노인은 전신주에 기대어 앉아 있었는데…….

이런저런 생각에 잠겨 걷고 있는데, "어머 산이총각 아녀?"

호들갑을 떠는 주인 아주머니가 바라보였다. 처음 서울 올라왔을 때 고향 선배가 자취하던 집이었는데 군대에 있었던 기간을 제외하고는 줄곧 이 집에서 살고 있었다. 지금은 하숙을 하고 있는 중이다.

"내일 온다고 혜란이가 그러든디. 오늘 하루종일 방 청소하고 방금 돌아갔어. 갔던 일은 다 잘 된 겨?"

"네."

"그리고 혜란일 언제까지 기다리게 할 참이여? 혜란이 집에서도 무척 서두는 모양이던디."

아주머니의 말을 뒤로하고, 산이가 방문을 열고 들어서자 상큼한 국화 향기가 그를 맞이한다. 국화꽃을 좋아한다던 혜란이는 어머니와 많이 닮아 있었다. 따뜻한 손을 가진 여인이다. 어쩌다 잡아 본 그녀의 손은 언제나 따듯하여 그 온기가 발끝까지 전해졌다. 집 앞까지 바래다주고 돌아서는 산이의 모습이 보이지 않을 때까지 그대로 서 있던 혜란이다. 그렇게 하지 않으면 산이 씨가 돌아오지 않을 것 같다며 눈물을 글썽이곤 했다.

하얀 모시 두루마기를 입고 신작로로 걸어가시던 아버지의 뒷모습이 보이지 않을 때까지 숨소리 하나 내지 않고 어머니는 바라보고 계셨었다. 어머니도 혜란이의 마음과 같았을까? 어수선한 대학 분위기를 떠나 군복무를 마치고 돌아와 마땅히 갈 곳이 없어 방황하며 석진이 관여하던 서클룸에 임시 기거하고 있을 때였다. 석진이는 산이에게 아르바이트 자리도 알선해 주고 번역 일감도 가져다주곤 했다. 바로 그곳에서 정이 깊은 눈을 가진 혜란의 얼굴을 보게 된 것이다. 그 즈음 고향에서 "어머니 위급 급래."라는 전보가 학교로 날아왔다. 그는 그 날로 운암리에 내려갔었다. 밤늦게야 도착한 아들의 손을 붙잡고 어머니는 처음으로 눈물을 흘렸다.

"산이야, 네 아버지를 부탁한다. 아버지는 꼭 돌아오신다."

산이는 고개를 숙인 채 아무 말도 하지 않았다. 이윽고 어머니는 안채 마님을 향해서도 이렇게 말했다.

"어머니 산이를 부탁합니다."

"오냐, 오냐, 그 말이 그렇게도 힘들더냐. 이제 네 짐을 다 내려놓고 훨훨 날아가거라."

마님은 두 손을 휘저으며 소리치고 있었다.

어머니를 두 평 남짓한 공동묘지에 묻고 돌아서며 산이는 울지 않았다. 고향을 떠나오던 날 마님의 만류를 뿌리치고 아버지의 가출신고를 하였다. 가출한 지 5년이 지나고 있었다.

서울로 돌아온 산이는 날마다 취해 학교 동산의 나무 밑에 쭈그리고 앉아 토해내곤 하였는데 매번 따듯한 손길이 등을 두드리곤 하였다. 혜란이는 비틀거리는 산이를 늘 그림자처럼 따라다녔다.

"따르릉, 따르릉."

전화소리에 수화기를 집어들었다.

"날세. 자료 점검 철저히 하고 내일 아침 10시 10분전까지 사무실 들르지 말고 곧바로 5층 회의실로 와서 대기하도록. 알겠지?"

"네. 그렇게 하겠습니다."

"그래, 편히 쉬게."

갑자기 피곤이 엄습해 오기 시작했다. 그 동안 한번도 손에서 놓은 적이 없는 가방을 열고 자료들을 점검하기 시작했다. 그러나 자꾸 잠이 몰려와 그만 잠이 들고 말았다.

산이는 운암리의 들판에 작은 소년이 되어 있었다. 벼베기가 한창인데 동네 어른에 둘러싸여, 아버지는 춤을 추고 있었다.

'얼씨구 씨구 들어간다. 작년에 왔던 각설이……, 이래봬도 이 몸이 정승판서 자제로 조실부모하여…….'

그릇을 두들기며 품바타령을 읊어갔다. 황혼을 머리에 이고 있는 운암산을 멀리 바라보던 아버지의 얼굴은 붉게 물들었고 꿈꾸는 듯한 눈에서는 반짝 빛이 나곤 하였다. 어쩌면 아버지는 정승판서의 자손일지도 모른다. 아니 정말 그럴 거라고 믿었다.

머리에 두른 하얀 수건이 반쯤 가려진 어머니 얼굴도 웃고 있었다. 아버지는 더욱더 세게 그릇을 두들겨대었다. 그 소리에 잠에서 깨어났다.

6시에 맞춰놓은 알람시계가 요란하게 울고 있었다. 금방 잠이 든 것 같았는데 조급한 생각에 흩어진 서류들을 정리해 나갔다.

중역들 앞에 선 석진은 개선장군 같았다. 그의 달변은 모인 청중들을 감동시키기에 충분했다. 대학생 시절에도 그랬었다. 회의를 마치고 난 많은 사람들에 둘러싸인 석진은 의기양양한 표정으로 산이에겐 눈길 한번 주지 않았다. 모두들 자리를 떠난 뒤 한쪽 구석에 서 있던 산이에게 다가온 그는 사장실로 호출이라며 앞서 갔다. 그 동안 수고했으니 며칠 휴가나 다녀오라고 했으나 산이는 이를 사양하였다.

산이가 기획실 문을 열었을 때는 자리가 텅 비어 있었다. 미스 김이 전화기에 무어라 짜증 섞인 말투로 대답하다가 인기척에 뒤를 돌아보고,

"아 잠깐 기다리세요." 하며 "산이 씨 전화 받아 보세요. 며칠

전부터 날마다 산이 씨를 찾았어요."

수화기를 건네준다.

"여보세요. 김산입니다."

"뭐 산이라고, 운암리 살던 김산이여? 나 운암리 안채 마님인디, 느그 아버지가 어제 세상을 떴어야. 여러 번 전화를 했는데 없다고 해서 혹시나 하고 있었는데……. 어쨌든 상주가 엄연히 있는데 내일 장례를 치르기로 동네에서들 의논이 되았다."

"알았습니다. 지금 곧 내려가겠습니다."

수화기를 든 채로 창 밖을 바라보았다. 아무 것도 보이지 않았다.

운암리. 마님. 아버지……. 중얼거리듯 '허허' 하며 헤실헤실 웃고 있는 산이를 향해

"무슨 일이십니까?" 하며 미스 김이 걱정스레 물었다.

"아, 아무 일도 아닙니다."

"그럼, 점식 식사 하셔야지요."

"괜찮습니다. 먼저 가시지요."

텅 빈 사무실에 혼자 있게 된 산이는 아버지의 모습을 떠올리기 위해 애쓰고 있었다. 철들면서부터 보아 온 아버지는 화폭 속에 그려진 그림 같았다.

거듭되는 가출과 귀향으로 과연 얼마나 같이 살았을까. 아버지를 몇 번이나 불러 보았을까. 아버지를 마지막 본 것은 10년 전 초여름 잠자리 날개처럼 손질이 잘된 모시 두루마기를 입고 흰 모자

그리고 지팡이에 흰 고무신을 신고 동구 밖 신작로 길을 나는 듯이 걸어가시던 뒷모습을 어미니는 사랑채 석류나무 밑 돌무더기 위에 서서, 산이는 그곳 마루 끝에 서서 바라보았었다. 잦은 가출이었지만 3년을 넘기지 않았던 아버지가 5년이 지나 어머니가 돌아가실 때까지 소식이 없었다. 주위에선 이미 이 세상 사람이 아닐 것이라고 말했지만 어머니는 아버지의 숨결을 느낀다며 꼭 돌아오실 거라고 우겼다.

윗목에 버티고 앉아 있는 어머니가 유일하게 소유하게 된 앞닫이에 아버지의 수의와 두 벌의 옷이 손질이 잘 되어 들어 있었다. 그리고 5년이 지났는데, 산이는 꿈을 꾸고 있는 것 같았다. 무거운 돌덩이가 자신을 다시금 누르기 시작한다. 그 동안 벗어버렸다고 생각했던 짐이 더욱더 짓누르고 있었다.

"아니야. 그럴 리가 없어, 무언가 잘못된 것 일거야."

머리를 흔들다가 "그래 확인을 해 봐야지." 중얼거리며 사장실로 올라가 휴가 신청을 하고서 회사를 나섰다.

"산이 씨, 무슨 생각을 그렇게 해요? 출장 갔던 일이 잘 안 되었어요?"

팔을 붙드는 혜란이를 바라보았다.

"어, 혜란이가 웬 일이야?"

"안색이 좋지 않아요. 무슨 일이 예요?"

걱정스러운 혜란의 눈길을 피하며 산이는 "아무 것도 아니야. 조금 피곤해서……. 아 참 고향에 좀 다녀와야겠어."

"고향이라면……. 무슨 일로."

"아니, 그냥 쉬고 싶어서."

혜란에게는 아버지도 돌아가신 걸로 얘기했었다. 이런저런 핑계를 대고 혜란이를 돌려보내고 나서도 산이는 서두르지 않았다. 고속버스터미널로 갔다가 다시 서울역으로 방향을 바꾸었다. 아무래도 소읍인 고향역을 지나는 완행열차를 타는 것이 좋을 것 같았다. 혹여 읍내에서 아는 이들을 만나는 것이 싫었다. 그러려면 밤늦게 도착하는 편이 좋을 것 같았기 때문이다.

열차에 몸을 실었을 때는 짧은 초겨울의 해는 어둠을 준비하기 시작했다. 열차 안의 훈훈한 공기에 휩싸이게 되니 온 몸이 나른하게 무너져 내렸다. 아버지의 죽음에 관한 생각들이 머릿속을 어지럽게 파고들었다. 아버지의 가출은 날이 풀리기 시작하는 봄이나 초여름에 시작되지만 그의 귀향은 초겨울 바람이 몹시 부는 날 한밤중에였으니, 그렇게 돌아온 그는 기진한 상태로 사랑 앞에 쓰러져 있곤 하였다. 처음 어머니 앞에 발견되었을 때도 그랬다고 한다.

어느 해 가을걷이가 끝나가고 있을 즈음 읍내에는 유랑극단이 짐을 풀었다. 손님을 모으기 위해 고을을 순회하기도 했는데 각설이 차림의 가냘픈 사람이 하나 있었다. 며칠 동안 공연을 마치고 떠나던 날 저녁 문단속 차 나섰던 어머니에 의해 발견된 그 각설이는 이미 산 사람이 아닌 것 같았다. 사람들을 불러 그 동안 비워두었던 사랑에 누이고 어머니는 병간호를 맡았다고 했다. 정성이

지극했던지 두어 달 앓고 난 그는 빗자루를 들고 서성거리기도 하고 뭔가 일을 해보려고 했지만 마음대로 되지 않았다. 건강이 회복되어 사람 꼴이 나기는, 봄도 한창 무르익어 갈 무렵으로 진달래 개나리가 흐드러지게 어우러져 어머니 분이의 마음을 설레게 했다.

안채 마님의 주선으로 결혼을 하게 되었다. 1년 후 산이를 낳자 아버지는 운암리를 지키는 운암산을 닮으라며 그 이름을 메 산(山)자, 산이라 지었다. 어머니는 안채 마님의 살림을 도맡아 했는데, 동네 사람들은 이 안채 주인을 마님이라고 불렀다. 마님은 어머니를 수양딸이라 했지만 어머니는 항상 마님을 어머니라고 부르지 않았다. 산이는 알 수가 없었다. 어머니는 산이에게도 그녀를 할머니라 부르지 말고 마님으로 부르라고 하였다. 저녁 설거지를 마친 후 안채 부엌문을 가만히 닫으며 "마님. 저 들어갑니다." 하고선 돌아서 나오던 어머니의 얼굴은 안채의 용마루에 걸린 달빛처럼 차가워 보이곤 했다.

산이네가 기거하고 있는 사랑채의 이름뿐인 문을 소리내지 않으려고 어머니는 문을 밀듯이 들어올렸으므로 처음 소리만 삐익하고 들릴 뿐 다시 닫혀지는 소리는 아무리 기다려도 들리지 않아 산이는 그 시간이 무척 길게 느껴지기도 했었다.

사랑의 군불을 지피고 난 어머니는 그제서야 머리에 둘러쓴 하얀 머리수건을 벗어 내어 어깨부터 시작하여 몸 전체의 먼지를 조용하게 털어내었다. 조심스런 발걸음으로 가마솥의 물을 퍼 조심스럽게 얼굴을 씻고 앞치마와 머리수건을 한 손에 들고서 마루를 올라서는 어머니의 숨소리는 동짓달 문풍지가 날리는 바람소리가 되어 산이를 추위에 떨게 만들었다. 어머니는 동구 밖 휘어진 신작로 길을 바라보고 있을 것이라고 산이는 이불 속에 누워서 생각하고 있었다.

조그만 바람의 기척에도 귀를 세우고 유심히 관찰하시는 어머니를 바라보며 산이는 아버지가 빨리 돌아왔으면 싶었다.

"이봐, 어서 내려." 소리치며 동행인 듯한 청년을 재촉하며 출구를 향해 바쁘게 걸어가는 무리가 보였다. 산이는 창 밖을 바라보았다.

열차는 천안을 지나고 있었다. 밖은 이미 어두워지고 있었다. 저 멀리 두 줄기 산자락 사이에 잠겨 있는 자그마한 마을에서 불빛이 새어나오고 있었다. "네 아버지는 바람 같아야." 하며 미소짓던 어머니는 불빛보다는 달빛을 좋아했다. 어쩌면 어머니도 산이가 바람 같다는 생각을 했는지도 모르겠다. 그러나 산이는 그 해 여름의 일만 아니었다면 고향을, 아니 어머니를 떠나가지 않았을지도 모른다는 생각을 했다.

달빛이 너무 아름다워 슬프다며 눈물을 줄줄 흘리던 현이는 박꽃처럼 맑고 깨끗한 눈을 가졌었다. 산이가 고3으로 읍내에 통학하고 있었고 마님의 손녀인 현이는 고1이었던 여름방학 때였다. 형제 없이 외롭게 자란 산이는 방학이면 친가에 내려오던 현이와는 오누이처럼 지내고 있었다. 현이 역시 산이를 따라다니기를 좋아하곤 했다.

그 해 여름에도 운암리 저수지에 놀러가자고 현이가 조르는 바람에 산이는 집을 나섰다. 저수지에서 낚시도 하고 놀다가 재미가 없다며, 딸기도 따먹고 다래도 따러 가자고 현이가 산이를 충동하여 둘은 함께 운암산을 오르기 시작했고, 오랜만에 만난 둘이는 연인처럼 즐거워 소리치며 웃고 떠드는 속에 시간 가는 줄 모르다가 한밤중이 되어서야 집에 돌아왔었다. 대문을 들어서자 현이는 마님의 손에 이끌려 안채로 가고, 산이는 어머니 손에 붙들려 사랑으로 돌아오게 되었다. 그 후로 산이는 현이를 다시 보지 못했다.

방학이 끝나갈 무렵 산이는 읍내에 방을 구하여 자취를 하게 되었다. 집을 떠나기 전 날 어머니는 산이를 불러 오늘 나와 함께 갈 곳이 있다며 앞장서 집을 나왔다. 동구 밖을 지나 읍내로 접어드는 신작로를 따라 둘이는 걸어갔다. 날씨는 더운데 어디 가는지도 모르고 따라가자니 산이는 마음이 답답하였다. 앞서 가던 어머니가 “아그야, 저그 좀 봐라. 참 이쁘지야?” 하였다. 어머니는 왼손으로 이마에 차양을 만들어 청솔 위에 앉아 있던 백로의 무리가 이제 막 날아오르는 모습을 황홀하게 바라보고 있었다. 햇빛에 반사되어 찬란한 빛이 반짝거리던 백로의 날갯짓이 점점 멀어져 가고 있다.

“어머닌 참, 맨 날 보는 새를 갖고 그런다요.”

볼멘 소리로 대꾸를 하면서도 산이 역시 참 멋있다는 생각을 했다.

"산이야, 나는 저 백로처럼 날아보고 싶어야."

어머니의 목소리가 깊이를 알 수 없는 캄캄한 굴속에서 울려나오는 듯한 이명 소리로 들려왔다. 산이는 두려움에 몸이 떨려왔다. 그것을 떨쳐 버리기라도 하듯 산이는

"근데 어머니는 어디를 간다요?" 핀잔 투 비슷하게 말했다.

"아 참 시간 늦겠다. 어서 가자. 읍내에 있는 교회에 가기로 했다. 전도부인 말이 모든 죄의 종된 자가 자유케 된다고 하더구나. 에미는 마님의 따뜻한 사랑으로 친혈육처럼 자랐지만 마님의 핏줄이 될 수가 없음을 알았다. 만약에 말이다. 돌감람나무가 참감람나무에 접붙여져 참감람나무가 될 수 있다면 나는 그것을 믿고 싶구나."

산이는 어머니의 말을 잘 알아들을 수 없었고 또 마음도 내키지 않았지만 모처럼 어머니의 부탁을 거절할 수가 없어 묵묵히 따라갔었다. 돌아오는 길에 어머니는 집으로 향하지 않고 길을 돌아서 백로가 앉아 있던 솔밭을 끼고 한참을 걸어갔는데, 산이는 그제서야 그곳이 공동묘지로 가는 길이란 것을 알았다. 한참을 더 걸어가서 후미진 곳에 이르자

"이제 다 왔다." 하며 어머니가 멈춰선 곳은 평토장된 묘지인 듯한 곳이었다. 어머니는 손에 들고 온 보따리를 풀어 주섬주섬 제물을 올려놓고 산이에게 절하라고 하였다.

"외할아버지 묘이다."

"그런데 왜?" 하다가 산이는 입을 다물었다. 창백한 어머니의

얼굴을 보았기 때문이다. 절을 마치고 그가 앉자,

"산이야 언젠가는 말하리라 생각했었다. 에미는 씨종의 자식이란다. 조모는 노마님의 교전비로 따라왔다가, 핏덩이 때 마님의 문앞에 버려진 내 조부와 후에 혼인을 하게 되었는데 성을 알 수 없어 노마님의 성을 따서 박 씨로 하였다 더구나."

"어머니, 그게 무슨 소용이 있다고……."

"아무 말 말고 듣기만 해라."

이어서 어머니는 이렇게 말하였다.

종의 제도가 없어지고 문서는 없었지만 의지할 곳 없던 그들은 마님네의 도움으로 전답 일부와 오두막을 마련하여 독립하게 되었다. 늦게 얻게 된 내 아버지는 종의 아들에서 머슴의 아들이 되어 자라게 되었다. 그래도 건강하고 착실했던 아버지는 비슷한 처지의 오갈 데 없는, 마님네 종이었던 어머니와 결혼하게 되었다.

그런 대로 좋은 세월이라고 생각하며 살았다. 그러나 6 · 25 사변은 그들을 그대로 놔두고 지나치지 못했다. 기어이 아버지는 왼팔에 붉은 완장을 매게 되었고 제정신이 아닌 상태로 날뛰었다. 더구나 몇 달이 못 가 아버지는 한밤중 동네 정자나무 밑에서 밝기가 대낮보다도 더 환한 여러 개의 횃불 아래 동네 사람의 돌과 몽둥이 세례로 세상을 떠났다. 그는 죽어가면서도 "자식에게 제대로 된 성을 찾아 주고 싶었다."고 절규하며 죽어갔다.

피투성이의 모습으로 쓰러진 아버지에게 달려나가려는 나를 나꿔챈 것은 안채 마님이었다. 입을 틀어 막힌 채 집으로 끌려온 나는 안방 곁에 달린 골방에 갇히게 되었다. 무서움에 떨던 내가 어느 결에 잠들었던 모양인데 잠결에 흐느끼는 듯한 소리가 들렸다.

"마님 죽어 마땅하지만 분이를 부탁……."

어머니가 분명했다.

"걱정 말게. 자네가 아니었으면 우리 서방님이 온전하셨겠는가? 내 분이는 잘 돌봄세."

"그래, 어디로 갈 건가?"

"모르겠구만이라."

"어서 가 보게." 재촉하는 소리가 나서 나는 일어나려고 했지만 몸이 움직여지지 않았다. 그 때가 열 살이었다.

그 후 나는 씨종의 자식에 빨갱이의 자식으로 동네 사람의 곱지 않은 눈길 속에서도 마님의 보살핌으로 수양딸의 대우를 받으며 자라났다. 운암리에서도 흔치 않게 읍내에 있는 여학교까지 다니게 되었다.

열 아홉이 되던 해에 이웃 마을의 이 진사의 손자와 서로 마음을 주고받는 사이로 장래를 약속하게 되었다. 이 사실을 알게 된 그 쪽에선 노발대발 난리가 났었지. 운암리에선 그 동안 잠잠했던 나의 내력이 또다시 떠오르게 되었다. 마님으로선 속수무책으로 나를 붙들고 울기만 하였다. "나는 너를 내 딸로 키웠는데, 세상은 그렇지 않구나."

그 때부터 나는 다른 사람들처럼 그네를 마님이라 부르기 시작했다.

"읍내에 나가거든 공부 열심히 하거라."

어머니는 비틀거리며 일어나 앞서 걸어갔다. 무슨 허깨비가 걸어가는 것 같았다. 산이는 다음날 집을 떠나왔고 읍내로 떠난 지 6개월 후 서울로 올라왔다.

첫 해에 대학에 실패하였지만 고향에 가지 않았다. 고향 선배의 자취방에 더부살이하며 신문배달이며 공사장에 돌아다니면서 재수를 한 끝에 원하던 대학에 합격하였다. 합격 소식을 운암리에 알리기는 했지만 거기에 가지는 않았다.

"여보게 청년 어디까지 가는가? 낯이 많이 익은데." 짐을 챙겨들며 맞은편에 앉았던 나이든 노인이 고개를 갸우뚱하며 묻는다.

"지금 여기가 어디입니까?"

"B시여."

고향 역이었다. 내릴 채비를 하는 산이를 바라보며 노인은, "어쩐지 낯이 익는다 했더니 고향사람이구나." 하였다.

"아, 네."

"어느 동넨겨?"

"운암리……" 하다가 산이는 만다.

"운암리, 그럼 혹시 안골 마님 아는가?"

"아……" 하다가 산이는 잘 모른다고 고개를 흔들었다. 빠른 걸음으로 내려선 고향 역은 어둠 속에 잠겨 있었다. 산이는 시계를 들여다본다. 11시가 지나고 있었다. 산이는 예상했던 대로 아는 사람을 만나지 않았다. 다행이라 생각하며 걸어갈까 하다가 택시를 대절하여 탔다. 동네 입구에 내렸을 때, "거기 혹시 산이 아니냐?" 플래시를 비추며 누군가 말했다.

"아, 마님." 마님의 손을 잡으니 저절로 눈물이 나왔다.

"너, 올 줄 알았다. 마을 사람들은 오지 않을 거라 했지만 나는 믿었다."

"어서 들어가자. 산이가 왔네."

"어 산이가 왔구나." 어릴 적 산이의 친구 대식이었다. 사랑에는 모닥불이 타고 있었다.

"너 서울 가서 성공했다고 동네에 소문이 다 났어야."

몇 시간 후에 치러질 장례는 준비가 다 되어 있었다. 상주가 마지막 상면해야 한다며 관뚜껑은 열려 있었다. 항상 피곤기에 젖어 있던 아버지의 얼굴은 평온해 보였다.

"네 어머니 옆에 묻히길 원하시더구나, 그리 가기로 했다."

선산 자락의 묘지를 내주겠다는 마님의 호의를 어머니는 거절하고 공동묘지로 가겠다고 했다. 아버지는 어머니 옆에 누웠다. 마을의 어른들은

"분이는 좋겠다. 이제사 낭군님을 만나 영원히 헤어지지 않게 되었구나." 하였다.

"이 곳이 명당은 명당인 모양이다. 산이가 저렇게 훌륭하게 성공한 걸 보면 말이다."

산이는 꼭 남의 장례식에 참석한 것처럼 아무 말 없이 그들이 하자는 대로 따라하기만 했다. 장례를 마치고 산이가 사랑으로 돌

아왔을 때는 해질녘이 되었다.

아버지의 유품이라며 낡은 곤색 가방을 마님은 산이 앞으로 내밀었다. 한 손에 가방을 받아들고 윗목에 놓여 있는 어머니 유품인 옷궤에서 남은 옷가지를 꺼내어서 마당으로 나왔다. 석류나무 아래 돌무더기에 앉아 옷들을 태우기 시작했다. 어머니의 유품도 이 곳에서 태웠었다. 산이는 고개를 돌려 안채 용마루 끝을 바라본다. 여물지 않은 보름달이 걸려 있다. 부엌문을 닫고 돌아서던 어머니의 얼굴을 이곳에서 바라보며 달이 두 개인 것 같다는 생각을 하곤 했다. 어머니는 이 자리에서 동구 밖을 바라보았다. 저 멀리 신작로까지 훤하게 보였다. 어머니는 아들이 떠나는 모습을 이곳에서 바라보았을 것이란 생각을 산이는 하고 있었다. 서울로 대학 입학시험을 보기 위해 고향을 떠나기 전날 밤 어머니는 산이에게 백로 이야기를 해 주었다.

산이야, 백로는 말이다. 한번 짝을 짓게 되면 평생을 같이 살며, 또한 한번 정한 서식지에 매년 또다시 찾아오는, 고향을 잊지 않는 새란다. 새끼를 기르는 데도 암수 교대로 먹이를 물어다 먹이고, 새끼를 잡아먹으려고 접근해 오는 뱀을 막기 위해 필사적으로 저항을 한단다. 그런데 이상한 것은 그 둥지가 큰 접시 모양으로 생겼는데 어쩌다 새끼가 발을 잘못 디뎌 둥지 끝에 매달린 채 한쪽 발로 둥지를 붙들고 발버둥쳐도 그냥 못 본 체한다는 것이다. 백로는 새끼가 그 둥지 안에 있을 때만 돌보는 것이 가능하다는구나. 아마도 그 나머지 것은 신의 몫일지도 모르지.

"땡땡땡." 소리에 고개를 들었다. 하늘에 빨간 십자가가 불타고 있었다.

"교회가 생겼다." 마님이 말했다.

산이는 가방 지퍼를 열고 옷을 꺼내기 시작했다. 그는 그 옷을 불 속에 던지려다 순간 멈칫했다. 두 손으로 펼쳐본 그 옷은 색 바랜 밤색 잠바였다.

"네 아버지가 마지막까지 쥐고 있었던 것이다." 하며 마님이 건네준 것은 'A주식회사 기획실 김산'이라고 적힌 산이의 명함이었다.

그녀는 이것을 보고 전화했었다. 산이는 들고 있던 옷을 떨어뜨렸다. 그 바람에 무엇인가 툭하며 무겁게 떨어진 소리가 나 산이는 그것을 주워 올렸다. 손바닥 크기의 낡은 성경책이었다. 성경책을 들추다 보니 그 속에 노랗게 변해버린 사진 한 장이 들어 있었는데, 중년의 부부와 세라복 차림의 여학생, 중학생 차림의 남학생이 다정하게 교회의 종탑 아래서 평온하게 웃고 있는 모습이었다.

"네 할아버지, 할머니, 그리고 고모와 아버지의 사진이라고 하더라. 이북에서 지주에다 독실한 신자였던 관계로 여러 어려움 끝에 피난 내려오다 헤어졌다는데 만나지 못했단다. 그 동안 가족을 찾으러 바람처럼 돌아다녔는지도 모르겠다." 마님은 계속해서 "마지막 가출은 아마도 이산가족 찾기 방송이 시작되던 무렵이었던 것 같다. 어찌 어찌해서 고향 사람들을 만났는데 폭격에 세상을 떠났을 거라고 하더란다. 그 길로 병을 얻어 행려병자 신세가 되어 시립병원에 누워 있다가, 또 부랑아수용소에 돌아갔다가, 이렇게 번갈아가며 지내왔단다."

결 고른 마님의 말소리는 점점 굳어가기 시작했다.

"정신이 흐려져 기억력이 없어졌다던가 뭐 그랬는데 그곳에서 우연히 어떤 목사 한 분을 만나게 되어 딱한 처지의 네 아버지는 그의 극진한 간호를 받아 기력도 회복되고 기억력이 어슴프레 돌아오게 되었다. 긴가민가하여 언젠가 알게 된 너의 옛 주소를 받아든 목사가 수소문하여 가져다 준 것이 너의 명함인가 보더라. 여기까지 오는 데 한 달이나 걸렸다고 하더라. 열흘만에 돌아가셨다."

산이는 눈앞이 흐려져 아무 것도 보이지 않았다.

"뭐하냐, 옷을 던져라."

마님의 재촉하는 소리에 집어든 것은 달포 전 보았던 그 찌그러진 중절모자였다. 모닥불은 산이의 얼굴을 벌겋게 물들이며 검은 하늘을 향해 타오르고 있었다. 마지막 남은 옷들을 들어 불 속에 던졌다. 불길은 잠시 주춤하였다. 산이는 지팡이로 옷을 들어 올렸다.

"작년에 왔던 각설이, 이래봬도 이 몸이 정승판서 자제로……."

아버지는 그릇을 두들기며 모닥불 주위를 빙글빙글 돌고 있었다.

지팡이에 얹혀 있던 옷가지들이 불길에 휩싸인 채 하얗게 변해버린 잔해들이 두 마리의 백로로 변해 안채 용마루를 지나 빨간 십자가를 한 바퀴 휘돌아 저 멀리로 날아가는 환상을 산이는 보고 있었다.

<계간 『창조문학』 제22호('96. 여름)>

산국화

하나 둘 날아오르는 하얀 꽃 이파리가 눈 깜짝할 사이에 무수히 많아졌다. 바람결을 따라 이리저리 방향이 바뀌던 꽃 이파리가 점점 더 멀어져 간다. 다시금 나타난 하얀 무리가 반원을 그리며 강물 위로 떨어진 모습은 마치 검은 공들이 무더기로 떠 있는 것처럼 보인다.

겨울 철새.

이제 조금 후면 그들은 또 이곳을 떠나가리라.

"끼이익" 정문 수위실의 문이 열리며 곤색 제복을 입은 수위가 두 팔을 치켜올려 기지개를 켜다 말고 고개를 옆으로 돌린다. 수위실 옆 목련의 하얀 이파리가 스르르 떨어진다.

어젯밤 비바람 소리가 요란하던 생각이 났다. 병실 창문이 덜커덩거려 잠을 설쳤다. 반으로 줄어든 목련꽃은 빛이 바래져 있었다. 떨어진 이파리의 암적색 자국에 눈길이 이르자 재민은 오스스 소름이 돋는 것을 느끼며 뒤를 돌아본다.

45° 각도로 세워진 침대에 어머니는 누워 잠들어 있었다. 틀니를 제거해서 움푹 파인 입과 입술은 검붉게 타들어 가고 툭 불거진 광대뼈 위로 퀭한 눈 주위가 파랗게 멍들어 있었다.

재민이는 어머니의 코끝에 왼손을 갖다 대어 보았다. 가녀린 바람이 느껴져 온다. 기척에 어머니는 눈을 뜨고 그를 바라본다. 초점이 잡혀진 눈동자를 바라보며 재민은 안도의 숨을 내쉰다.

"거기 앉아서 쉬어라." 보조 침대를 가리키며 힘없이 어머니는 말했다. 별 걱정을 다 한다고 소리 지르려던 재민이 옆 침대에 환자가 잠들어 있다는 것이 생각나 꿀꺽 삼키고 만다.

병실 문을 열고 복도로 나온 그는 창문을 열어 젖혔다. 갑자기 달려든 바람은 그의 심장에 충격을 줄만큼 차가웠다.

어머니는 산국화 같았다.

늦가을 산 속의 빛 바랜 연보라 빛 국화, 첫서리에 말라버린 이파리와 줄기 끝에 피어 있는 국화는 마치 손을 대면 꺾이어 버릴 것만 같은 산국화의 모습을 하고 있었다.

재민은 울화가 치밀어 오르는 것을 참을 수가 없었다. 그제 저녁 어머니가 가정부로 일하던 집주인 여자로부터 전화가 왔다.

"할머니가 쓰러져 B병원 응급실에 와 있어요. 빨리 이곳으로 와 주세요."

다급한 소리에 재민이 달려갔을 때는, 어머니는 이미 이동침대에 실려 응급실을 나오고 있었다. 천만다행이라며 주인 여자는 말했다.

"할머니, 아드님도 왔으니 저는 가보겠어요. 집에 아이들만 있어서……."

"네, 그러세요. 감사합니다."

인사하며 고개를 들었을 때 그녀는 병원문을 나서고 있었다.

"재민아, 가슴이 터질 것 같아야." 하던 어머니의 말을 들으며 재민은 그때 그일 때문이라고 단정을 하고 있었다. 그럴 때마다 그는 꼭 법관이 되어야 한다고 생각하곤 했다. 그래서 억울한 누명을 쓰는 일없게 진실을 밝혀내는 법관이 되는 게 그의 사명이며 어머니의 한을 풀어주는 것이라고 다짐하곤 했다.

"글쎄, 어젯밤 0호실 아이가 떠나갔대요."

"어머 그래요? 안됐네요." 눈자위가 붉게 물든 두 여인이 기도실을 나오며 하는 소리가 들린다. 그들은 재민을 힐끗 바라보다가 식사시간이 되었다며 그의 앞을 지나쳐가고 있었다. 그는 병실을 들어섰다. 어머니는 식사를 받아 놓고 있다가 그의 앞으로 내민다.

"너 먹어라."

"어머니, 식사 좀 하세요."

"괜찮다. 거기 연유 좀 다오."

어머니는 연유로 연명을 하고 있었다.

"오늘은 퇴원을 해야겠다."

"네?"

"집 가까운 병원으로 갈란다."

"무슨 병원으로요?"

"K내과라고 심장병의 권위자라고 하더라."

어머니는 입원비를 걱정하고 있는 거라고 재민이는 생각하고 있었다.

이 새 병원에 온 지도 며칠이 지났다. H시에 있는 K내과에 도착해서 안 것은 여기가 평소에 어머니가 다니던 곳이라는 것이었다. 신속하게 입원을 할 수 있었던 것도 그렇고, 무엇보다도 의사의 풍기는 인상에 믿음이 가서 마음이 놓였다.

입원 첫 날 가슴을 움켜쥐고 고통을 호소하던 어머니를 보고 은발의 노 의사는 큰 병원으로 옮겨갈 것을 권유했다. 어머니는, "선생님, 최선을 다해서 치료해 주세요." 하며 사정을 했다. 난감한 표정을 지어 보이던 의사는 한참 만에야 "그렇게 해 봅시다, 할머니." 하며 어머니의 손을 잡아 주었다.

몹시 언짢은 표정을 짓고 서 있는 병원 사무장의 어깨를 두드리며 의사는 병실을 나갔다.

조금 후 급하게 간호사가 들어와 엉덩이와 팔에 주사를 놓기 시작했다. 주사를 놓기 위해 벗긴 엉덩이는 차마 바라볼 수 없을 정도로 야위어 있었다. 재민이는 어머니가 항상 방석을 깔고 앉아 있었던 것을 기억하며 고개를 돌렸다.

조금 후 숨소리가 고르게 들리고 초점을 잃고 부연 안개가 끼었던 어머니의 눈동자가 비그친 후 맑게 개인 파란 하늘처럼 생기가 돌기 시작했다. 그리고 오늘까지 큰 차도는 없어 보였다.

오늘은 꼭 말을 해야겠다고 재민이는 다짐을 한다. 자신의 취직

사실을 아직 말하지 못했던 것이다. 도저히 말할 용기가 나지 않았던 것이다. 그것은 어머니의 희망을 완전히 잃게 만드는 것이라고 재민이는 믿고 있었다.

어머니의 소망은 자신이 법관이 되는 것이라는 사실을 의심치 않았다. 그렇기 때문에 고시 공부를 포기하고 보험회사에 취직했다는 사실을 도저히 알릴 수가 없었던 것이다. 회사에 출근할 날짜가 얼마 남지 않아 그는 조바심이 났다.

"어머니." 그는 그러나 용기를 내어 어머니 손을 붙들고, "저 A 보험회사에 취직했어요." 단숨에 말해 버리고 말았다.

"그래, 잘 되었구나. 어렵게 결심한 것이니 열심히 일하거라."

어머니는 차분하게 가라앉은 목소리로 말하였다.

"어머니 ……."

뜻밖의 반응에 그는 어안이 벙벙한 얼굴로 어머니를 바라보았다.

"왜 그렇게 놀라니?"

도리어 어머니는 환하게 미소짓고 있었다.

"모자간에 뭘 그렇게 다정하게 바라보고 있어?" 하며 아버지가 들어왔다.

"너 이제 집에 가 봐라. 영희가 혼자 무서워 떨고 있겠다." 어머니가 재촉하는 바람에 "그럼 편히 쉬세요." 하며 병원문을 나섰다.

집까지는 도보로 30분 정도의 거리이다. 2차선 도로를 지나 좁은 오솔길로 접어들어 조금 걸어가다 보면 두 갈래로 길이 갈라지는 곳이 있다. 우측 길에 '승리고시원 입구'라는 푯말이 가로등에 훤하게 드러나 있었다. 좌측 길로 들어선 재민이 아래로 휘어진 다리로 들어서면서 '배고픈 다리'를 입속으로 중얼거렸다.

배고픈 다리의 중앙에 재민이는 주저앉았다. 어둠 속에 잠겨 있는 다리 건너 마을을 바라보며 배고픈 다리를 처음 발견하고 돌아왔을 때의 어머니의 들뜬 표정을 떠올리며 쓴웃음을 지었다.

어머니가 일하던 주인집의 아들이 고시 공부를 하는 이곳 승리고시원에 밑반찬이며 필요한 물건들을 가지고 가던 길에 이 마을을 발견하게 되었더란다. 마침 재민이네가 등 기대어 살던 금호동 산동네의 무허가 건물이 헐리게 되어 있어 걱정이 태산같던 어머니는 이러한 곳이라면 서울에 일 다닐 수도 있고 또한 시내가 아니어 방세가 쌀 것 같다는 생각에 동네에 들어섰다고 했다. 10여 호가 되는 마을에 두어 집이 비어 있었다. 부모가 돌아가시자 서울로 나가 사는 자식들이 그대로 방치해 둔 집들이었다.

이웃의 호의로 집주인과 연락이 닿아 알아본 결과 집수리나 해가며 그저 살아도 좋다는 대답을 듣고 와서 재민이 공부하기에도 안성맞춤이라며 무척 좋아했다. 십여 년이 지난 지금까지 살고 있는데도 빈집은 더 늘어나 절반 정도만 사람이 살고 있는 형편이었다.

밖에서 보기에는 사람이 사는 동네 같지가 않았다. 이른바 '그린벨트'에 묶여서 그런다고 했다. 금년 봄에 중학생이 된 영희의 등 하교 길이 불편한 점 말고는 별 어려움이 없었다.

일어서려던 재민이 갑자기 환한 불빛에 놀라 두리번거리는데,

"거기 삼촌이야?"

플래쉬를 비추며 영희가 소리쳤다.

"그래 삼촌이다." 하는데,

"삼촌."

하며 영희가 쓰러지듯이 재민의 가슴에 안겨온다.

'불쌍한 것', 재민은 속으로 중얼거렸다.

"다 큰 처녀가 이 무슨 어리광이냐?"

살며시 떼어내며 영희의 얼굴을 바라보았다.

불빛에 비친 영희의 얼굴은, 얼마나 울었는지, 눈이 퉁퉁 부어 있는 상태였다.

영희가 재민의 집에 들어온 지 벌써 15년이 지났다. 영희가 앞서 가며 물었다.

"저녁밥은?"

"먹었다."

집에 들어서자 부엌으로 들어간 영희가 주황색 플라스틱 바가지에 더운물을 담아 와 수돗가의 대야에 부어 주었다.

"너는 이제 그만 들어가서 자거라." 하며 뒤를 돌아본 재민을 향해서, 마루에 걸터앉아 손에 수건을 들고 있던 영희가 걱정스러운 말투로,

"할머니는 곧 나오시겠지?" 하였다.

"걱정하지 말아라, 영희야. 괜찮으실거야."

그의 말에 약간 생기를 찾은 듯하던 영희가 다시금 시무룩해진 표정으로 재민에게 수건을 내밀며 제 방으로 들어갔다. 뒷모습을 바라보다가 재민이는 자기 방으로 들어섰다.

여기저기 흩어져 있던 책들을 치우며 그는 진정 자신이 원하던 것이 무엇이었는가를 다시금 생각하기 시작했다. 그 일 이후 한번도 의심치 않았던 고시 공부.

병원에서는 어머니의 병명이 '심근 경색'이라 했다. 여러 가지 설명을 하였지만 그는 잘 알아들을 수가 없었다. 재민이는 백과사전을 들춰 '심근 경색'이란 항목을 찾기 시작했다.

<심근 경색 : 심근층에 경색이 생기는 질환, 주로 좌심실벽의 관동맥 또는 그 분지에 혈전, 색전, 연축 등이 일어나 갑작스럽게 혈류가 줄고, 관동맥 경화가 따르기 쉬움. 심신의 과로, 놀람 등과 관계가 있음. 급작스런 죽음의 공포감이 따르는 흉통과 식은 땀, 구토, 안면 창백, 혈압 저하, 호흡수 증가 등의 증상이 나타남.>

"심신의 과로, 놀람 등과 관계가 있음."이란 글귀에 그는 분노를 느낀다. 그 해의 일을 떠올리며 재민의 가슴이 답답해 오기 시작했다.

가슴이 터질 것 같다며 어머니는 몸을 웅크리고 식은 땀을 흘리곤 하였다. 그러던 어머니 – 하얀 약봉지를 털어 입에 넣던 어머니의 모습을 재민은 간간히 볼 수 있었다. 그럴 때마다 그는 공부에 열중하려 애썼다.

그 해 늦가을 재민이 학교 수업을 마치고 귀가하는 길이었다.

대문 앞에서 동네 아낙네들이 낮은 담 안을 기웃거리며 무어라 수근거리고 있는데, 재민이 대문을 들어서자 자기 방의 반쯤 열려진 미닫이 문 사이로, 안집에 세 들어 살고 있는 여인네들 역시 그 모양새들을 하고 있는 게 보였고, 방안에는 물건이 어지럽게 흩어져 있는 모습이 보였다. 어머니는 방석을 깔고 앉아 허리를 꼿꼿이 세운 채로 눈을 내리깔고, "나는 모르겠어요." 하며 고개를 젓고 있었다. 어머니의 맞은 편에 머리를 귀 뒤로 빗어 넘긴 단정한 귀부인 차림의 여인과 한 동네에 사는 부안댁이 앉아 있었다.

"아주머니 이럴 수가 있어요, 그래도 믿고 소개해 주었는데, 믿는 도끼에 발등 찍힌다는 옛말 하나도 안 틀리네." 하며 부안댁은 문 밖의 사람들을 향해 더욱 기세를 올렸다. 한참 실랑이를 하던 그녀는 기가 차는지 옆의 귀부인을 바라보았다.

그녀는 일어서면서, "아주머니, 그 보석은 귀한 것이라 처분하기도 어려워요. 우리 나라에 몇 개 되지 않는 거라서. 잘 찾아보고 연락 주세요."라고 말하며 두 뼘 남짓한 마루를 내려섰다. 그 동안 마당에 서서 일의 전말을 지켜보고 있던 여인들은 저마다 "열 길 물 속은 알아도 한 길 사람 속은 알 수 없다더니, 믿을 사람 하나도 없네." 하고 한마디씩 하였다. 그 때 마침 귀가하던 고등학교 졸업반인 형이 굳은 표정으로 들어서고 있었다. 그날 밤 어머니는 아무 말 없이 저녁밥을 짓고 또한 설거지를 끝낸 후 행주와 걸레를 삶아내고 새하얀 행주를 빨랫줄에 널고 나서 미끄러지듯 자리에 누웠다.

중학생이던 재민이는 잠을 이룰 수가 없었다. 서울로 이사온 지 2년째 되던 해였다. 재민이는 고향이 그리웠다. 그가 유년 시절을 보냈던 곳은 충청도의 어느 농촌으로 80여 호가 평화롭게 살던 마을이었다. 마을의 일을 맡아 하던 아버지는 이장이었고 선대로부터 내려오던 전답도 많아 그래도 마을에선 부자 축에 들었다. 아버지는 마을의 일로 면사무소로, 농협으로 읍내에 출입이 잦아 자연 집안일과 농삿일은 어머니와, 집안 일을 도와주는 먼 친척뻘의 누나가 도맡아 했다. 그런데 어느 때부터인가 마을에 빈집이 생겨나더니 그런 집이 점점 늘어가기 시작했다. 그와 비례하여 재민이네 논은 점점 더 줄어들어 갔다. 급기야 앞서 고향을 떠난 사람들과 마찬가지로 재민이네도 정든 고향을 떠나야 했다. 어머니는 눈물을 훔치며 조합 빚 때문이라고만 했다.

처음 서울의 금호동 골짜기로 방 한 칸에 세 들어 아버지, 어머니, 형과 누나, 그리고 재민이 다섯 식구가 변소도 없는 집에 이사를 왔었다.

두어 달 치의 쌀과 연탄을 들여놓은 후 일자리를 찾아 나선 어머니와 아버지보다, 중학을 졸업한 누나가 먼저 제품공장에 취직되어 기숙사로 들어갔다.

어머니는 식당 주방보조로 일하러 다니고 아버지 역시 공사장을 기웃거리기는 하지만 딱히 할 수 있는 일이 없다 보니 그저 왔다 갔다 하기는 해도 집에 돈을 들여놓지는 못했다. 누나 역시 견습공인지라 사정은 마찬가지였다. 그날 그날 어머니가 들고 들어온 일당으로 생활하던 중에 설상가상으로 아버지가 허리를 다쳐 병원에 입원한 것이 두어 달이 되었다. 일용 근로자에다 자신의 과실로 다친 것이라 하여 회사에서는 냉담하였다. 사정사정하여 얻어낸, 치료비 일부를 부담하겠다던 회사의 약속은 쉽게 이행되지 않았다.

그때 마침 어머니는 부안댁의 눈에 띄게 되었다. 부잣집을 돌아다니며 중매도 하며 일할 사람도 알선해 주던 부안댁이, 사례비도 많고 손님을 자주 치르는 집인데 그 때마다 보너스도 수월찮게 얹어 주니 일해보지 않겠느냐고 했다. 그러나 그 집이 부잣집이 돼놔서 귀중품이 많으므로 신원이 확실한 사람을 구한다는 꼬리(단서)가 붙어 있기는 했다. 어머니는 아버지가 입원해 있는 병원과 가까운 곳에 그 집이 위치해 있고, 잠깐씩 틈을 내어 병원에 들러 볼 수도 있다는 주인의 말에 끌려 파출부로 나가기로 했다.

부안댁의 말대로 주인은 인정스러웠다. 전날 그 집에 무슨 잔치가 있었다며 밤늦게 집에 돌아온 어머니는 그 때까지 공부하고 있던 재민을 향해 그날 보너스로 받아온 봉투를 내 놓으며 “이것을 네 형의 수업료로 내야 할지 나날이 늘어가는 네 아버지 입원비로 써야 할지 판단이 서지 않는구나.” 하던 것이었다. 어머니는 “그만 자거라.” 하며 자리에 누웠다.

그러나 재민이는 낮에 있었던 일 때문인지 잠이 제대로 오지 않았다.

있는 대로 성깔을 부리며 날뛰는 부안댁을 제지하며 귀부인은

어머니를 향해,

"아주머니, 어제 저녁 안방에 들어간 사람은 아주머니 한 사람 뿐 이예요."라고 말했고,

"네, 그랬지요."라고 어머니는 대답했다.

"그런데 왜 모른다고만 하세요? 동서가 손가락을 다쳐 약 상자를 안방 문갑에서 가져왔잖아요?"

"맞아요. 그렇지만 나는 몰라요."

"그 반지는 문갑 위의 클리넥스 통 위에 놓여 있었어요. 원 이렇게 답답할 수가……."

"그래도 저는 모르는 일이 예요."

눈을 땅바닥으로 향한 채 목을 바로 세운 어머니는 의연하게 버티며 대답하고 있었다.

재민은 마음속으로 두 가지 생각을 하고 있었다. "혹시 어머니가……" 하는 생각과, "설마 어머니가……" 하는 생각으로 온 밤을 뜬눈으로 새웠다.

이튿날 아침 여느 날과 마찬가지로 일찍 일어난 어머니는 밥상을 들여왔고, 재민이는 형과 마주 앉아 있었다.

"재형아, 오늘 수업료를 가져다 내거라." 하며 주머니에서 돈을 꺼낸 어머니는 그것을 큰아들의 손에 쥐어 주었다.

"일단 졸업은 해야 하지 않겠냐? 밀린 수업료 전부다." 하였다.

형은 꾸역꾸역 밥을 먹다가 받아든 돈을 책가방에 푹 찔러 넣으며 일어서 집을 나섰다.

재민이는 공부하는 것이 취미라고 할 정도로 '앉은 책상'에 앉아 열심히 공부한 탓에 수석을 고수했고 학교에서 장학금으로 공부하고 있었다. 그러나 형은 그 후로 집에 돌아오지 않았다. 그의 모습을 어머니 앞에 아예 나타내 보이지 않은 것이다. 가끔 풍문으로 소식이 흘러들기는 근래에 들어서면서부터다. 형이 돌아오지 않는 그날부터 어머니는 누군가를 초조하게 기다리는 눈치였다. 바람소리에까지도 "누구 오나 내다 보라."고 하곤 했다.

그렇지 않아도 말수가 적던 어머니는 입을 굳게 다물고 끼니때마다 밥은 지었지만 그저 먹는 시늉만 할 뿐 실제 먹는 것 같지는 않았다. 가늘게 한숨만 내쉴 뿐, 그러나 저녁 설거지가 끝나면 보얗게 삶아낸 행주를 탈탈 털어 빨랫줄에 너는 일은 빠뜨리지 않았다. 걸레 역시 마찬가지였다.

"윙 윙" 요란한 바람소리에 재민이는 현실로 돌아왔다.

뒷산의 아직 옷을 입지 못한 나무의 빈 가지들이 춤을 추고 있나 보다. 후드득 빗소리까지 들리며 창문이 덜크덕거린다. 병원 뜰안의 얼마 남지 않은 목련 꽃잎이 다 떨어지겠구나. 꽃샘추위인가. 봄은 언제 오려나.

형이 집을 나간 지, 그러니까 그 귀부인이 다녀간 지 한 사나흘이 지났을 때였다.

그 날은 시험이 끝나 일찍 집으로 돌아오던 재민이는 대문 옆에 모여선 아낙네들을 다시 보게 되었고 마찬가지로 방문 앞에도 여인들이 모여 있었다.

단 하나 다른 것은 방문이 활짝 열려져 있었다는 것이다. 예의 어머니의 그 꼿꼿이 세운 허리의 자세는 여전했고 눈은 내리깐 채로였다. 그런데 이상한 것은 그 귀부인이 어머니의 손을 붙잡고 무엇인가를 사정하는 눈치였다.

"아주머니, 용서하세요. 제 불찰이니, 어떻게 이런 일이 일어났는지 정말 죄송하게 되었어요."

"용서하고 말고가 있나요, 뭐." 어머니는 말했다.

"아, 글쎄 그것이 상자 안으로 떨어진 것을 모르고 아주머니를 의심하다니. 참 사람 마음 간사하더라구요."

"됐어요."

거의 거만하게스리 어머니는 마당에 모여선 여인네들과 그 틈에 끼여있는 재민을 둘러보며 말했다.

클리넥스 상자 속의 휴지를 다 사용하고 나서 빈 상자를 버리려고 집어드는 순간 또르르 뭔가 구르는 소리가 나 들여다보니 그 안에 그 잃어버린 반지가 들어 있었다는 것이다.

그 귀부인은 하얀 봉투를 꺼내어,

"정신적 피해가 무척 컸으리라 생각되지만 내가 이렇게 용서를 비니 그 마음의 상처를 하루 빨리 치유하도록 하세요." 하며 어머니가 깔고 앉아 있는 방석 밑으로 그것을 밀어 넣으며 일어섰다. 이러실 필요 없다는 어머니의 느린 몸짓에 이미 두 사람은 대문을 나서고 있었다. "있는 것들이란 편리하다니깐. 없는 사람 무시하고 도둑 년 만들더니 이제 와서는 돈 몇 푼 쥐어주며 용서하라, 건방

진 것들 같으니라구." 마당에 모여 선 사람들은 제 각기 한마디씩 말하고 있었다. 재민이는 어머니를 바라보며 '그러면 그렇지' 하는데, 어머니는 그의 얼굴을 바라보며 힘없는 미소를 지어 보였다.

그 날로 병원에 입원해 있던 아버지는 집으로 돌아오게 되었다. 그 어간에 일어난 일들을 아버지는 모르고 있을거라고 재민이는 지금껏 믿고 있었다. 변소 출입이나 겨우 하며 집에 누워 있게 된 아버지. 온 가정의 수입은 어머니의 단순 노동에 의해서만 이루어지고 있었다.

그런데, 몇 년이 흐른 후 느닷없이 형을 찾는 사람이 재민이 앞에 나타났다. 재민이 당시 고3이었는데, 서재형이 집 맞느냐며 지금 집에 있느냐고 물었다. 집을 나간 지 몇 년이 됐다고 했더니, 집에 들어오거나 소식이 있으면 즉시 이곳으로 연락해 달라며 명함을 건네주었다. 자수하는 게 좋을 거라고 전해 주라고 덧붙이고는 그는 돌아서 가 버렸다. 왠지 섬찟한 생각이 들었다. 형에게 무슨 일이 일어난 것일까?

이야기를 전해들은 어머니는 이미 다 알고 있다는 눈치였다.

"형이 다니던 회사가 도산을 해서 완전히 망했다고 하더라."

"찾아온 사람은 형의 친구라고 하던데요."

"친구, 사람이나 패고 다니는 친구?"

어머니는 격앙된 어조로 말했다. 좀처럼 보기 드문 일이었으므로 재민이는 놀랄 수밖에 없었다.

"누구를 얼마나 무슨 이유로 때렸는지 ……. 네 형은 지금 어디

서 어떻게 살아가는지…….” 어머니는 한숨을 토해 내었다.

“이 모든 일이……, 이 에미의 죄가 크구나.”

“무슨 그런 말씀을, 별 일 아닐 거예요.”

그리고는 며칠 후 땟국물이 자르르 흐르는 아이를 등에 업고 그들 앞에 나타난 이십 초반쯤으로 보이는 여인은 서재형 씨 집이 맞느냐고 물었다. 그렇다는 대답이 끝나기도 전에 이 집의 핏줄이니 거두어야 되지 않겠느냐, 자신은 아이를 데리고는 아무 것도 할 수 없으니 둘이 함께 죽을 수는 없지 않느냐, 대략 이런 내용의 말을 남기고, 마루에 내팽개치다시피 되어 겁에 질려 자지러진 아이의 울음소리를 뒤로하고, 아무렇게나 묶은 뒷머리를 흔들거리며 대문을 나서고 말았다. 엉겁결에 아이를 받아든 어머니는 “어이, 처자, 처자.” 부르며 굼뜬 동작으로 따라갔지만 이미 골목에는 그 그림자도 보이지 않았다.

그때 겨우 백일이 지났을까 말까 한 그 어린애가 바로 지금의 영희였다. 그 영희가 재민이 어머니의 한숨 반, 아버지의 보살핌 반으로 지금까지 자라 온 것이다.

“야호, 야호.” 하는 소리가 뒷산 약수터에서 들려온다. 이미 날이 밝아오는 것인가. 큰길 건너에 사는 사람들이 벌써 약수터에 오른 모양이다.

“삼촌 일어났어?”

영희가 소리친다. 어려서부터 집안살림을 돌봐온 영희는 벌써 밥상을 들여오며 소리쳤다.

"삼촌. 나 오늘 할머니 병원에 갈거야."

"그래, 가 봐야지."

"삼촌 취직된 것 할머니한테 말했어?"

"오냐."

"뭐라고 했어? 할머니가."

"잘했다고 하시더라."

"그것 봐. 내가 그럴 거라고 했잖아."

영희는 나이보다 훨씬 어른스러웠다. 대충 식사를 마친 밥상을 들고 영희는 분주하게 부엌으로 들어갔다.

"삼촌 나 학교 가. 학교에서 마구 병원으로 갈 거야."

"그래. 알았다."

재민이는 간 밤 잠을 설친 탓인지 졸음이 와 자리에 누웠다. 피곤하고 졸리운 것과는 상관없이 잠이 오지 않아 눈만 말똥말똥 뜨고 있었다. 주머니 속에 넣어둔 메모지를 꺼내 보았다. 00동 애기 엄마의 전화번호가 적혀 있었다. 그 애기 엄마의 이야기를 어머니가 영희에게 가끔 들려주던 것을 재민이는 귀동냥으로 들어 알고 있었다.

수배 중인 형의 소재 파악을 위해 어머니가 가정부로 있던 00아파트에까지 형사가 찾아갔던 모양이다. 그 일로 충격을 받은 때문인지, 어느 날 겁에 질려 가슴을 움켜쥔 채 엘리베이터 앞에서 고통스러워하는 어머니를 애기 엄마가 자신의 집으로 데리고 가 아무 말 없이 물 한 컵을 우황청심환 한 알과 함께 내밀며, "할머니

소파에 앉아 편히 쉬세요." 하더란다. 소파에 기대어 앉아 있었는데, 어찌나 편안하던지 그만 깜빡 잠이 들었다고 했다. 정말 알 수 없는 일이었다. 그저 편안하더라고 했다. 그 뒤로 가끔씩 들러 이야기도 하며 지냈다고 하였다. 애기 엄마와 얘기를 하고 나면 답답한 가슴이 시원해지곤 했다. 대개 어머니가 말을 하고 애기 엄마는 그저 가만히 앉아 듣기만 하는 정도였지만 어머니는 그 시간이 참 좋았다고 했다.

보험회사 취직 이야기를 하자 환하게 웃던 어머니는 재민이에게 메모지를 내밀며 자신의 입원 사실을 알려주고 한번 만나고 싶다고 전하라고 하였다.

"누군데요?"

"나의 유일한 친구다. 나는 친구가 있으면 안 되느냐?"

어머니는 장난스레 말하고 웃었다. 전에 볼 수 없는 어머니의 행동에 놀란 것은 재민이었다.

그는 집을 나와 병원으로 향해 가면서 전화를 할까 말까, 공중전화 부스를 지나칠 때마다 망설였다. 병원 앞의 마지막 남은 공중전화 부스 속에서 번호판을 눌렀다.

"여보세요."

앳된 처녀의 목소리가 아닌가 싶은 음성이 들려왔다.

"애기 엄마 좀 바꿔 주세요."

"네, 애기 엄마라고요?"

"아아, 그것이 아니구요, 수현이 엄마요. 00아파트 0호 애기 엄마 좀 바꿔 주세요."

"누구신데요?"

몹시 의심스러운 목소리로 물어 왔다.

"서산 할머니라고 하면 알 거라고 하더군요. 그 할머니가 지금 병원에 입원해 있는데 만나보고 싶어해서요."

"아아, 서산 할머니요? ……어머니는 지금 외국 여행 중이신데요. 한 열흘 후에나 돌아오실 거예요."

"네, 알았습니다."

전화를 내려놓고 재민은 멍하니 서서 하늘을 바라보고 있었다. "전화 끝나셨으면 나오세요." 하는 소리에 꿈쩔한 재민이는 걸음을 옮겨 어머니에게로 향했다. 어머니는 혼자 누워 있었다.

"아버지는요?"

"집에 들어가셨다. 내가 이렇게 호강을 해도 될는지 모르겠다."

어머니는 자꾸 말이 많아지고 있었다.

"전화해 봤냐?"

"외국 여행중이래요. 열흘 후에나……."

"생전에 꼭 만나서 하고 싶은 이야기가 있었는데."

"어머니도 참……. 돌아오면 만나 보세요."

"퇴원을 했으면 좋겠는데."

"어머니."

"알았다."

어머니의 병세는 호전이 되는 듯이 보였다. 재민이는 회사에 출근을 하기 시작했다. 그런 어느 날 회사로 급한 전화가 걸려왔다.

"너의 어머니가 위급하다."

아버지의 전화였다. 황급히 달려간 재민이 앞에 어머니는 산소호흡기를 부착하고 누워 있었다. 잠깐 말을 할 수 있도록 의사와 간호사가 들어와 산소호흡기를 제거해 내었다. 어머니는 힘없는 눈동자를 돌려 재민이를 돌아보았다. 손을 들어 곁에 오라는 시늉을 하였다. 그리고는 항시 끼고 다니던 검은 가죽가방을 가리켰다. 가방을 가져오자 지퍼를 열고 흰 봉투 하나를 꺼내도록 하게 했고, 그것을 재민이 앞으로 내밀며 애기 엄마에게 전해 주라고 하였다.

그 봉투는 간직한 지 오래 되었는지 모서리가 닳아 있었다.

"재민아 영희를 잘 돌봐 주어라. 영희에게 아빠를 찾아 주어라. 그리고 형을 용서해라."

"어머니……."

"너와 재형이 그리고 영희에게 정말 미안하다. 에미를 용서해라. 그러나 열심히 살았다."

화장터에서 하얀 상자를 받아든 재민은 한탄강에 뼛가루를 뿌리며 어머니를 생각하려 했지만 좀처럼 어머니의 얼굴이 떠오르지 않았다.

다만 메마른 줄기 끝에 매달려 빛을 잃은 연보라 빛 산국화가 부는 바람에 외롭게 흔들리고 있는 모습만 어른거렸다.

시외버스 터미널에 내려섰을 때는 어두워지기 시작했다. 무심히 지나가던 재민이 앞에 공중전화 부스가 들어왔다. 바지 주머니에 손을 넣자 뭔가 집히는 게 있었다. 흰 봉투였다. 수화기를 집어 들고 다이얼을 누르기 시작했다.

"여보세요."

재민이 문득 말이 생각나지 않아 머뭇거리는데,

"여보세요, 말씀하세요." 하는 것이었다.

"저. 서산 할머니 아시나요?"

"네, 알지요."

"저는 아들인데요, 만나 뵙고 싶어서요."

"알았어요, 거기가……."

재민은 약속한 터미널 근처 커피숍에 들어갔다. 소란스러운 것 같기도 한 분위기였지만 재민이는 아무 소리도 들리지 않았다. 조금 후에 서산할머니 아드님을 찾는다는 소리에 벌떡 일어선 재민의 앞으로 애기 엄마가 조용하게 다가왔다.

"앉으세요."

"어머니께서는 어떻게 되셨나요?"

"예, 벽제에서 오는 길입니다."

"할머니가 소천하셨으리라 짐작했어요. ……꿈을 꾸었지요. 서산 할머니가 노랑, 하양, 보라 빛깔의 국화가 만발한 산 속으로 들어가며 환하게 웃고 있었어요."

"만나 보고 싶어하셨어요."

말하며 재민이 주머니에서 봉투 하나를 꺼내어 애기 엄마 앞으로 내밀었다.

"어머니가 전해 드리라고 하셔서."

"네." 하고 그녀는 봉투를 두 손으로 감싸쥐었다.

허나 애기 엄마는 봉투 속의 내용이 궁금하지도 않은지 멀거니 천정만 바라보고 있었다.

재민이는 실망하고 있었다. 이렇게 관심도 보이지 않는 사람에게 마지막 말을 남기고 떠난 어머니는 그럼 뭐란 말인가.

"세상을 마지막 하직하면서 자신의 진실을 말하고 싶었던 사람으로 나를 기억하다니……. 과연 그럴 만한 사람이 되는가, 내가."

애기 엄마는 마치 넋나간 사람 모양 말하고 있었다.

"그렇다면 봉투 속의 내용을……?".

"알 것 같아요."

그녀는 중얼거렸다.

"그럼 저는 이만 실례하겠습니다. 안녕히 가십시오."

재민은 밖으로 나와 밤하늘을 바라보았다. 하늘에는 별들이 영롱하게 빛나고 있었다.

문갑 위에 놓여 있던 클리넥스 상자 위에서 그 반지는 빛나고 있었습니다.

약 상자를 집어들다 나 자신도 모르게 그 빛에 끌려갔지요. 마침 "할머니!" 하며 부르는 소리에 정신이 퍼뜩 들었을 때는 그 빛은 사라지고 없었습니다. 화장지를 다 쓰고 나면 자연히 밝혀지리라 생각했어요.

그런데, 반지의 주인은 자신의 과오에 대해 나에게 용서를 빌었습니다.

그러나, 나는 내 자신의 죄를, 다시 말해 그 보석의 빛에 끌려갔었다는 사실을 끝내 고백하지 못했습니다.

재민은 어머니가 바로 얼마 전 써넣은 듯한 글의 마지막 구절을 중얼거리며 발걸음을 재촉하고 있었다. 밤하늘에는 별들이 더욱 영롱하게 빛나고 있었다.

<계간『창조문학』제35호('99. 가을)>

하얀 십자가

회관을 출발한 차는 강변도로에 진입한 지 얼마 지나지 않아 속력이 떨어지기 시작했다. 천호대교에 들어서자 아예 차는 멈춰서 버렸다. 나는 무심히 창 밖을 바라보았다.

한강엔 무수한 나비 떼가 날아다니고 있었다. 젊은이들이 윈드서핑을 하는 모습이 마치 형형색색의 나비들이 물위에 앉았다가는 다시 날아오르는 모습처럼 보였다.

빨강, 파랑, 노랑 색깔의 돛폭이 날아다니는 나비의 날개처럼 보여 아름다웠다. 윈드서핑을 하던 나비 한 마리가 바람 부는 방향을 따라 이리저리 움직여 다니다가 갑자기 균형을 잃고 돛대와 함께 물 속으로 곤두박질쳐 내 시야에서 사라지고 만다. 조마조마한 마음으로 그곳을 주시하고 있는데 어느새 돛은 다시 세워지고, 조타수가 균형을 잡으려고 안간힘을 쓰는 모습이 먼 곳인데도 쉽사리 시야에 들어온다.

다리 하단에는 모터보트의 인도를 받으며 수상스키를 즐기는 이들이 있어 그 모습이 보기에도 시원하게 느껴진다. 모터보트가 물길을 가르며 달려가고 난 뒤로 하얀 물거품의 줄기가 일었다가 잦아지면 그 부드러운 물방울들의 시원한 촉감이 금방 내게 느껴져 오는 것 같다. 아침에 집을 나서며 느끼던 불안한 긴장감이 다소 풀어지는 듯싶었다.

차는 서서히 움직이는지 몸이 조금씩 흔들렸다. "와하하 ……." 하는 웃음소리에 차안을 둘러보았다. 건강미가 넘쳐서인지 발그스레한 여인들의 얼굴 모습이 얼핏 다혈질로 보인다. 그들은 재미나게 웃고 떠들며 무슨 소풍나들이나 하는 것처럼 즐거워하고 있었다. 씁쓸한 마음이 되어 의자 등받이 깊숙이 몸을 들이밀며 자리에 바로 앉았다.

"여기 앉아도 될까요?" 의자 등받이에 손을 얹고 서서 여인이 조용히 물어 왔다.

"네. 그러세요."

나는 다시 차창 밖으로 고개를 돌렸다. 가득 채워진 논들의 물이 햇빛에 유리알처럼 빛나는 들판을 가로질러, 차는 전속력을 내어 달리고 있었다.

나는 어렸을 적의 한 기억을 생각해 내었다. 아마 이맘때였을 것이다. 모 심기 위해 물을 대어서인지 들판은 온통 물바다로 변해 버렸다. 들에서 일하는 아버지에게 심부름을 가곤 했는데, 그 때마다 한 손에는 언제나 주전자가 들려 있었다.

"해찰하지 말고 곧장 가거라. 그리고 주전자가 흔들리지 않게 조심해서 들고 가야 한다." 어머니는 신신 당부하였다. 대개 주전자 속에는 소주 두어 잔이 들어 있고 주전자 주둥이에 걸쳐놓은 김치 보시기 위에는 주전자 뚜껑이 올려져 있었다.

동구 밖을 나와 들판에 들어서면 무논은 오후 햇살을 받아 반짝반짝 빛이 나 눈이 부실 지경이었다. 그보다도 끝이 보이지 않아 마치 바다 한가운데 서 있는 것처럼 두려움이 느껴져 자꾸만 어지럼증이 일곤 해서 나는 코앞의 땅만 내려다보며 걸어갔다. 가까운 논들의 물 속은 훤히 들여다보여 우렁이가 보이고, 미꾸라지나 올챙이들이 돌아다니는 것도 자주 보였다.

주전자를 땅에 내려놓고 길가에 앉아서 우렁이를 잡으며 시간 가는 줄도 모르고 놀고 있을 때면 써레질을 하기 위해 소를 앞세워 걸어가던 동네 아저씨가 "야가 지금 뭐하고 있다냐. 네 아버지는 눈이 빠지게 기다리겠구만, 어서 가거라." 하고 소리치면 나는 놀라서 일어나 뛰어갔다.

물에 빠진다고 해 봐야 고작 무릎을 미치지 못한다는 사실을 알고 있으면서도 나는 무섭고 두려웠다. 물이 가득 채워진 논들은 꼭 깊은 바다처럼 내게 다가왔기 때문이다.

"두려우세요, 자매님?" 하는 소리에 돌아본 옆자리의 여인은 미소를 짓고 있었다.

"네?" 무슨 뜻인지 모르겠다는 듯이 나는 뒤끝을 올리며 말을 받았다.

"걱정하지 마세요. 자매님은 잘 하실 수 있을 거예요."

"네." 짧게 그러나 더 이상 참견하지는 말라는 듯이 나는 힘주어 응답했다.

어쩌자고 이 여인은 자꾸만 내게 다가서는가? 교육기간 내내 그녀는 내 주위를 맴돌았다. 안쓰러워 하는 눈길로 말이다. 마치 물가에 내려놓은 어린아이를 걱정스레 바라보는 어른처럼 그랬다. 그러면 그럴수록 나는 그녀로부터 멀리멀리 기를 쓰며 달아나려고 애썼다. 만약 여기서 무너져 내리면 다시는 혼자서 일어설 수가 없을지도 모른다는 두려움에 싸여 있는 나를 향해 그녀는 자꾸만 손을 뻗치고 있었다.

무거운 책가방을 짊어진 채 현관문을 나서는 아이들 등위로 차가운 바람이 달려들었다. 마음 한 구석이 허전해졌다. 방으로 들어선 나는 구석에 쭈그리고 앉아 두 팔로 가슴을 감싸 보았다.

"어머니 자신의 일을 찾아보세요." 하던 아이들의 말이 이명처럼 들려 왔다.

그 동안 나는 무엇을 하며 살아왔는가. 내 자신의 일이란 어떤 것인가.

아들과 딸을 낳아 길렀고 그들이 원하는 일을 나도 원하게 되고, 싫어하는 일은 나도 싫어하고 그리고 또 뭐더라…….

남편의 뜻에 맞춰 생활해 가며 행복해 하기도 하고 속상해도 하며 일생을 보낸 "올렌카." 그녀는 분명히 귀여운 여인임에 틀림없는데, 그러나 그녀는 자기 자신의 참다운 인생을 살았다고 할 수 있을 것인가?

마치 흙 속으로 스며들어 형체도 없이 사라져 버리는 물과 같은 존재. 비록 일 년밖에 살지 못하는 일년초도 자신의 이름으로 꽃을 피우지 않는가. 내가 살아왔던 세계는 어떠한 세계이며 그것은 내게 무엇을 주었는가. 나는 남편의 세계에도, 아이들의 세계에도 속하지 못한 채 바다 한가운데서 두려움에 떨며 표류하는 작은 소녀가 되어 있었다.

그 즈음 나는 어느 기독교 유관 단체에서 "호스피스 자원봉사자 교육" 수강생을 모집하는 광고를 접하게 되었다. 첫 날 무려 200여 명의 수강생들로 강의실은 분주했다. 삼삼오오 무리를 지어 떠들며 웃고 소란스러운 가운데, 나는 홀로 앉아 그들의 하는 모습을 멀거니 바라보고 있었다.

"혼자 오셨나 보죠?" 하며 다가선 사람이 그녀였다.

반가운 생각에 친해지고 싶은 생각이 없는 것은 아니었지만 나는 일부러 무관심한 척했다. 일 주일에 하루씩 10주간의 교육이 끝나갈 무렵 나는 다시 휘청거리기 시작했다. 과연 이 일을 해 낼 수 있을 것인가, 걱정이 되었다. 그러나 물러설 수는 더욱 없었다.

수료식이 끝나고 의료선교재단에서 운영하는 장애자시설원에 가서 견학과 실습을 겸한다는 광고가 있었다. 희망자는 5월 20일 9시 30분까지 회관 앞으로 모이기로 했다.

오늘 정작 도착해 보니 겨우 20여명 정도가 서성거리고 있었다. 다소 실망스러운 기분이 들었으나 교육을 주관했던 기관의 인사들은 무심해 보였다. 40여명이 정원인 호송차의 좌석은 절반 정도가 비어 있었다. 비어 있는 많은 자리를 놔두고 하필이면 굳이 내 옆자리에 앉겠다는 그녀의 속을 알 수가 없었다.

"끼이익" 하는 소리와 함께 내 몸이 튀어 올랐다가 제자리에 앉았다.

"저 새끼가 죽을라고 환장을 했나. 운전 똑바로 해, x새끼야."

뒷모습이 단정해 보이는 운전기사가 내뱉은 말은 몰강스러웠다. 열었던 창문을 탁 닫으며 힐끗 뒤를 돌아본다. 갑자기 달려들었던 승용차는 언제 그랬느냐는 듯이 쌩쌩 앞서 달려가는 모습이 보인다. 그 바람에 잠시 주춤했던 차안의 여인들이 다시금 떠들기 시작했다. 남편이 해외출장 길에 사왔다는 선물 이야기, 딸아이의 피아노 연주회가 성황리에 끝났다는 이야기, 일류대학에 들어간 아들의 자랑에 열을 올리던 여인 하나가 "아, 누구네 아이는 삼수를 했는데도 올해에 또 낙방을 했단다."고 깔깔거리며 웃어대는 모습이 왜 그렇게도 가여워 보이는지 모르겠다.

차는 구불구불한 길로 들어서고 있었다.

"아직 멀었나요?" 누군가가 물었다.

"한 30분만 더 가면 됩니다."

뒤를 돌아보는 인솔자의 표정은 무심했다.

나는 허기를 느꼈다. 각자 도시락을 준비하기로 해서 아침을 거른 채 김밥을 대충 마련해 오기는 했다. 차는 오르막길을 달리다가 다시 내리막길인 두어 개의 굽이를 돌아서자 병풍처럼 둘러쳐진 산자락 끝에 아담한 건물이 하나 나타났다. 건물 벽에는 "좋은 마을"이라는 하얀 글자가 우리를 내려다보고 있었다. 마당 끝 출입구 양옆으로는 길게 채마밭이 일구어져 있었다. 그 채마밭은 싱싱하게 자란 열무와 상추 이파리의 윤기가 자르르 흐르는 가장자리로 아욱이 키가 한 뼘이나 자라 있었다. 담 옆으로 이제 막 고추가 맺히기 시작하는 고추나무 위로 들깻잎이 무성하게 자라고 있었다. 깨끗이 정돈된 넓은 마당에는 사람의 그림자가 보이지 않아 적막하기 이를 데 없었다.

정문을 들어선 우리 일행을 맞이한 50대 중반으로 보이는 원장의 얼굴 표정은 다정한 듯하면서도 위엄이 있어 보였다. 건물 중앙의 아치형 장미문을 들어서는데 향기가 우리를 반긴다. 몇 가지의 주의사항 가운데 특이한 것은 원생들에 대한 과잉친절은 절대 금물이며 지시에 따라 행동해 주기 바란다고 한 점이다.

식당에 가 각자 준비한 점심을 풀어놓고 앉았다. 시장한 것과는 달리 도시 밥을 먹을 수가 없었다. 김밥 몇 개를 먹는 둥 마는 둥 하고 있는데 그녀가 다가와 물이 담긴 컵을 내밀었다. 평온해 보이던 그녀의 눈 속에 슬픔과 고뇌가 언뜻 스쳐 지나가는 것을 볼 수 있었다. 대충 식사를 마치고 두 사람씩 조를 이루어 맡은 방으로 들어갔다. 물론 그녀와 나는 같은 조가 되었다. 우리가 할 일은 원생들을 목욕시키고, 방 청소와 빨래를 하는 일이었다.

방문을 여는 순간 뭐라 말할 수 없는 이상한 냄새로 인해 나는 멀미가 날 지경이었다. 그것도 잠시뿐 네 개의 눈동자가 우리를 향해 날아왔다. 나는 숨을 쉴 수가 없었다.

차마 그들의 모습을 계속 바라보고 있을 수가 없었다.

퀭한 눈과 옷소매 밖으로 나온 팔은 뼈만 앙상해, 움직이는 눈동자만 아니라면 살아 있다고 할 수 없을 만큼 한기를 느끼게 했다.

"몸을 전혀 움직일 수 없대요." 그녀는 조용하게 말하며 나를 바라보았다.

"이 곳에 수용된 아이들은 부모가 없거나 있어도 포기한 상태, 또한 치료가 불가능한 시한부의 인생으로 짧게는 며칠 길게는 몇 년이 될지도 모르는 생을 살아가고 있어요." 원장은 말했었다.

"점심들 먹었지? 만나서 반갑다. 우리는 봉사자들이다." 그녀는 내 손을 끌어당기며, 누워서 눈만 뜨고 쳐다보는 아이들 곁으로 다가가고 있었다.

"둘 중 누가 먼저 씻고 싶니, 너 먼저 할까?"

벽 쪽의 아이에게 눈길을 주었다. 고개를 조금 끄덕인 것 같았다.

"자매님 준비합시다. 먼저 더운물을 가져오고 수건과 비누, 그리고 식염수, 소독약, 갈아입을 옷을 챙기고." 입으로는 말을 하면서 차근차근 마치 숙달된 조교처럼 모든 물건을 챙겨 왔다.

"이젠 되었어요."

아이는 입을 달싹거리며 무슨 말인가를 하는 것 같았다. 그녀는 고개를 끄덕이며, 아이의 하의를 벗기면서 뒤를 돌아보았다. 나는 엉덩이께를 들어올려 주었다. 순간 손을 놓을 수밖에 없었다.

"자매님, 밖에 나가 찬바람 좀 쏘이도록 하세요." 뛰다시피 문을 향해 걸어가는 나의 등뒤로 "변의 색깔이 아주 좋구나. 소화는 잘 되니?" 하는 그녀의 소리가 들려왔다.

화단 앞에 앉아 눈물 콧물을 흘리며 헛구역질을 해 대었다. 잠시 속이 가라앉은 것 같았다.

'콸콸' 하며 여울져 흐르는 계곡의 물소리가 내 가슴을 시원하게 해 주었다. 문득 고개를 들었다. 아름다운 풍경이 펼쳐져 있었다. 아카시아 꽃이 활짝 피어 있어 향내가 바람에 실려 왔다. 활짝 핀 철늦은 진달래와 푸르른 신록이 한껏 그 빛을 자랑하고 있었다. 하얗게 보이는 저 꽃은 밤꽃일지도 모르겠다.

아파트 동산에 피어있던 목련의 자태가 소복한 여인의 슬픔이 잠긴 듯 그러면서도 아름다워 보였었는데 지금의 저 흰 꽃은 내게 기쁨을 주는 아름다움이었다. 비 갠 후의 맑게 개인 하늘을 바라볼 때처럼 하늘은 깨끗하였다. 하얀 솜털 모양의 구름은 산신령 같던 것이 금방 사자로 변해 버렸다. 이렇게 아름다운 하늘도 있구나 하는 생각을 할 때였다.

"자매님, 절 좀 도와주세요." 하며 조용히 내 어깨를 누르는 손이 있었다. 나는 아무 말 없이 그의 뒤를 따라갔다. 목욕을 시키기에는 어려울 것 같으니 물수건으로 몸을 씻어 내야겠다고 하였다. 머리와 손발을 씻기며 욕창이 나 있는 곳에 식염수로 씻어내고 소독하고 약을 바르고 나서 마사지를 하는 그의 미소 띤 얼굴은 즐거워 보였다. 아이와 조용조용 무슨 말인가를 분명 나누고 있는 것 같았다. 불안한 눈길로 바라보던 아이들도 평온을 되찾은 것 같았다.

새 옷을 갈아 입히고 청소하고 환기시키고, 빨랫감을 주섬주섬 챙겨들고서 나는 세탁실로 들어갔다. 그 곳에는 이미 여러 명이 모여서 열심히 빨래를 하고 있었다. 대충 오물을 씻어낸 빨래를 '락스' 물에 담가 놓은 후 그녀는 빨래를 세탁기에 넣었다. 그리고 앞장서 나갔다.

다른 방에 있던 비교적 경증인 아이들을 휠체어에 태워 산책길에 나섰다. 나는 잠시도 정지하지 못하는 아이의 얼굴을 바라보는 데만도 인내심이 필요했다. 그러나 마냥 즐거워 소리지르는 그들을 보며 나는 웃을 수 있었다. 타인의 도움이 없이는 먹을 수도 움직일 수도 없는 이들에게 있어 맑은 정신은 더욱 고통만을 준다는 것이다.

"하루 종일 수고가 많으셨어요. 여러분들은 모두 훌륭한 자원봉사자가 되실 것입니다." 하며 원장은 하나하나 악수를 하였다.

돌아오는 차에 올랐을 때는 4시 30분이 지나고 있었다. 떠들고 재미있어 하던 일행들도 이젠 지쳐서인지 조용하기만 하다.

"속은 편해지셨나요? 민수가 걱정을 하더군요. 이름이 민수라고 했어요. 괜히 자기 때문에 봉사자들이 봉사의 일을 포기할까 봐 두려운 거죠." 그녀는 쳐다보지도 않은 채 계속해서 말을 이어갔다.

"자매님이 따듯하더래요. 그들만이 느끼는 감촉이지요. 분명 자신의 고통이 줄어든 걸로 보아 자매님의 고통이 컸을 것이라고 했어요."

"아무래도 전 어려울 것 같아요." 기어 들어가는 소리로 나는 말하고 말았다.

"처음 자매님을 보았을 때 절망의 그림자를 보았어요. 그러나 사물에 대한 연민의 그늘이 져 있는 것을 알았어요. 그것은 바로 희망을 가져도 된다는 징조가 되지요." 나는 무슨 비밀을 들킨 것처럼 씁쓸한 기분이 들었다.

차는 이미 고속도로로 접어들어, 붐비지 않은 시원스레 뚫린 길을 달리고 있었다.

"시지프스 신화를 아세요?"

아니, 느닷없이 '시지프스'라니……?

"신에 대한 불경 때문에 산 정상으로 바위를 밀어 올리는 벌을 받게 된 시지프스 말예요. 그러나, 정상에 가까스로 올려놓은 바위가 그의 손가락 끝에서 곧 미끄러져 내려, 그 떨어지는 바위를 다시 밀어 올려야 하는 고된 운명의 시지프스 말입니다."

나는 그녀를 돌아보았다.

"아소페의 딸이 제우스 신에게 유괴된 사실을, 자신의 성 코린트에 물을 대어 달라는 조건으로 누설해 버린 죄목이라고 하더군요."

약간 어이없어 하는 나는 아랑곳하지도 않고 제 말만 늘어놓은 뒤 앞만 바라보고 있던 그녀는 한참 만에야 이야기를 하기 시작했다.

결혼 생활 10년쯤 된 어느 날이었다.

큰집에 잔치가 있어 다녀오던 날, 시어머니는 얼굴에 회심의 미소를 지으며 돌아왔다.

"우리는 안심해도 되겠다." 그 한마디만 할 뿐 더 이상 말하지 않았다.

그 날 안식구들이 모인 부엌에서 소곤대던 소리를 종합해 볼 때 무슨 비밀스런 일이 있는 것 같았다. 별채의 후미진 방을 힐끗거리는 동서들의 행동도 미심쩍고 궁금하기 짝이 없었다. 분명 그곳에는 무슨 음모가 진행되고 있을 터였다. 밤에 남편을 붙들고 알아낸 사실은 허망하기 그지없는 것이었다. 그녀는 절로 웃음이 나왔다.

그녀의 시집은 지방 대도시의 명문가였다. 공학박사를 위시해 각종 박사들이 열 손가락도 넘을 만큼 많았고, 고급관리에다 많은 재력까지 갖추었으니 더 바랄 게 없는 집안이었다.

한가지 그 가문에는 오래 전부터 내려오는 전설이 있었다. 조선 초기 많은 피를 흘린 어느 왕조의 대군이 그곳에 잠깐 귀양살이를 했었다는데, 그 가문은 아마 그때에 남게 된 자손들일 게라고 하였다. 그런데 그 가문에는 어떤 연유에서인지 백치에 대한 두려움을 가지고 있었다. 한 대에 하나씩은 생겨난다는 것이었다.

그 일에 대해서는 형제들끼리 노심초사하여, 자신의 자녀가 그것에 묶이게 될까봐 걱정들이 태산 같았다. 바로 그 난점이 그날 해결된 셈이었다. 큰집의 막내아들이, 그 동안 숨겨왔던 모양인데, 백치가 되어 방안에 갇혀 있는 사실이 알려지게 된 것이다. 그녀는 웃을 수밖에 없었다. 최첨단의 학문을 하는 집안에서 그러한 미신 때문에 쩔쩔매는 모습을 보자니 기가 막힐 수밖에 없었다.

그녀에게는 물리학박사에 대학교수인 남편과의 사이에서 난 아들 둘이 있었다. 열 살 된 큰아들과 세 살 짜리 작은아들이 있었다. 아이들 모두 건강하였다. 막내아이 재경이가 걸음걸이가 빠르지 못하고 잘 넘어지기는 해도 별 문제가 없는 듯했다. 그럭저럭 평안한 날들이 흘러갔다. 막내 재경이가 학교에 입학할 무렵 그 걸음걸이가 마음에 걸렸다. 여러 병원에도 데려가 보았지만 특별한 문제가 없다고 했다. 기력이 쇠하여 그런다며 한약을 좀 먹여 보라는 한의원의 뜻에 따라 보약을 먹여 보았다. 무어라 꼭 집어 말할 수는 없었으나 다소 불안해지기 시작했다. 가문에 내려지는 재앙은 큰집으로 넘어갔는데 별 일이야 있겠느냐며 애써 태연한 척하며 견디고 있었다. 그러던 어느 날 집 근처 하수도 공사가 있었는데, 인부는 길 한가운데를 파내고서 길 이쪽에서 저쪽으로 건널 수 있도록 널빤지를 걸쳐놓았다.

아이는 친구들이 건너니까 자신도 건널 수 있으리라 생각했던지 널빤지 위에 올라서 걷다가 두어 걸음만에 그 파놓은 구덩이에 빠지고 말았다. 별로 깊지 않아 조금 힘을 쓰면 다시 올라올 수 있는 깊이이므로 공사하는 인부는 무심하게 자신의 일만 하고 있었던 모양이다.

마침 학교에서 돌아오던 제 형이, 구덩이에 빠진 동생이 울며 올라오려고 애쓰는데 아무도 도와주지 않는 것을 보고 동생을 업고 집에 돌아와서는 그녀를 붙들고 목놓아 울었다. 재경이가 흙구

덩이에서 올라오려다 굴러 떨어지는 모양을 어른들은 웃으며 바라보고만 있었다면서 분에 못 이겨 한참을 울었다.

문득 두려운 생각이 들어 그 당시 최신시설을 갖춘 세브란스 병원에 아이를 데리고 가 정밀검사를 받아 보았다. 결과는, 그러한 증세는 외국의학계에 보고된 사례에 의하면 근육장애라고 하는데 원인도 치료방법도 현재로선 없다고 하였다. 보름 동안 검사 받느라 지친 아이를 그대로 데리고 돌아올 수밖에 없었다.

결고른 그녀의 이야기 소리가 들리지 않았다. 나는 무슨 말을 해야할지 몰라 애꿎은 헛기침만 하고 있었다. 무심히 바라본 밖은 어느새 많아진 차량들로 인해 도로가 꽉 메워지기 시작했다. '그래 행락 철이구나' 하는 생각을 했다. 그런데 도대체 그는 시지프스와 무슨 관계가 있단 말인가.

자신의 가문에 대한 이야기는 물론, 아들의 이야기마저 내게 털어놓은 까닭은? 가슴이 답답해오기 시작한다. 남이 슬퍼하면 같이 슬퍼하고 아파하면 같이 아파하며 고통스러워하는 나의 심정을 번연히 알고 있는 그녀가 내게 그러한, 별로 유쾌하지도 않은 이야기를 하는 심보는 또 뭐란 말인가.

나는 슬며시 화가 나려고 해서 그녀를 돌아보았다. 그녀의 감은 눈은 풍랑이 일고 있는 듯 떨리고 있었다. 왜 차안이 이리 답답할까 중얼거리며 차 창문을 열었다. 시원한 바람이 밀려 들어왔다.

"죄송해요. 자매님을 고통스럽게 해 드려서……."

"괜찮아요. 그 후 아이는 어떻게 되었나요?" 그녀가 안쓰러운 생각이 들어 마음에도 없는 말을 하고 말았다. 다시금 안정을 찾은 듯 그녀의 눈은 잔잔한 호수로 변해 있었다.

아이는 걸음이 자유스럽지는 못해도 그런 대로 학교도 들어가고 몇 년의 세월이 흘러갔다. 그 동안 의술이 발달되었으리라는 기대를 가지고 또다시 병원을 찾았다. 그러나 아이의 수명은 15세 전후가 될 것이라는 절망적인 결과만을 가지고 돌아왔다. 몇 년 남지 않은 생애라 생각하니……. 우선은 학교를 그만두게 하였다.

일가 친척들의, 궁금한 듯 간간이 들려오던 안부도 끊긴 지가 오래 되었다. 아이는 자신의 방에 갇히게 되고 말았다. 겨우 팔꿈치로 몸을 움직일 수밖에 없었다. 중학생이 된 큰아이는 가출이 시작되었다. 가방을 메고 나간 아이는 밤 12시가 되어서야 바다 냄새를 풍기며 녹초가 되어 돌아오곤 했다.

답답해서 바다가 보고싶다고 했다. 그러던 것이 고등학생이 되면서는 자주 술 냄새를 풍기고, 또 집에 돌아오지 않는 날이 많아졌다. 남편은 자신의 서재에 칩거하기 시작했다. 며칠만에 돌아온 큰아이는 막내의 방에 들어가 아이를 붙들고 울었다. 급기야 어느 날 원양어선을 타겠다며 집을 뛰쳐나가고야 말았다.

아이는 앙상한 뼈만 살가죽에 싸여 있었다. 그녀가 아이에게 해줄 수 있는 일이란 고작 밥을 먹여주고 대소변 받아내는 일뿐이었다. 그래도 정상적으로 자라나는 것은 턱밑에 거뭇거뭇 돋아나는 털이었다. 그와 함께 대소변 처리 때는 더욱더 참담함을 느껴야 했다.

그렇다면 아까 보았던 민수와 같은 증상으로……? 오물 처리를 위해 벗긴 하체는 지극히 정상적인 상태로 민수는 이미 어린아이가 아니었다. 그녀는 날마다 돌을 밀어 올리는 시지프스를 생각하며 살아왔다. 날이 갈수록 바위의 무게는 점점 더 무거워지기 시작했다.

아이는 제 방의 창문에 커튼을 드리우지 못하게 하였다. 낮에는 물론 밤에도 그랬다. 그녀는 자신의 치부를 드러내놓는 것 같은 생각에 감추고 싶었지만 아이가 완강하게 고집을 부려, 도저히 커튼을 칠 수 없었다. 아이의 머리맡에는 항상 라디오가 놓여 있었다. 겨우 움직일 수 있는 손가락으로 켰다 껐다만 하는 라디오 채널은 CBS에 고정되어 있었다. 그 라디오는 아이의 유일한 친구였다.

그런 어느 날 좀체로 부르지 않던 아이가 엄마를 찾았다. 뭔가 다급한 생각에 달려간 그녀에게 "엄마 목사님을 불러 주세요." 하였다. 정신없이 집 근처 교회로 달려가 계단을 오르는데 문 앞에서 누군가가 서성거리고 있다가 "자매님 누군가 부르는 소리가 있어 나왔는데 아무도 없어서 행여나 하고 기다리고 있었습니다." 하고 말했다. 그러고 보니 얼굴이 낯익은 것도 같았다. 가끔 길에서 마주칠 때면 "안녕하십니까?" 하며 인사를 해 오던 사람이었다.

아이의 방에 들어선 그는 "이 아이였군요." 하고 손을 잡아주었다.

"와 주셔서 감사합니다."

아이가 켜 놓은 라디오에선 "수고하고 무거운 짐진 자들아 다 내게로 오라 내가 너희를 쉬게 하리라." 하는 성구 소리가 흘러나오고 있었다.

그렇게 힘없이 아이는 떠나고 말았다. 화장한 아이의 하얀 잿가루를 바다에 뿌리고 돌아온 후 그녀는 깊은 잠에 빠지고 말았다.

그리고 20여 년의 캄캄한 터널을 지나 출구를 찾은 듯 밝은 햇살을 받으며 밖으로만 돌아다니기 시작했다. 무거운 바위를 더 이상 들어올리지 않아도 되었다. 그런데도 그녀는 조금도 즐겁지가 않았다. 그녀의 가슴은 뻥 뚫려버려 바람만 들고날 뿐 결코 그녀의 몸체를 가볍게 해 주지는 못했다. 그리고 일년이 지나 그 아이의 방에 들어가 아이가 누워 있던 자리에 누워 보았다. 그녀의 눈에 하얀 십자가가 들어오지 않는가. 왜 빨간 십자가가 아니고 하얀 십자가인가. 마치 예수가 흰 두루마기를 입고 내려다보고 있는 것 같았다. 누군가 앉아 기도하는 희미한 모습이 창문으로 비쳐졌다. 그렇다면 아이가 창문에 커튼을 치지 못하게 했던 이유가…….

나는 갑자기 그녀를 바라보았다.

"네." 그녀는 고개를 끄덕이고 있었다. 그날 그녀는 시지프스의 바위를 끌어올리던 이는 자신이 아니라 바로 제 아이였다는 사실을 알았다. 그녀는 다시 바위를 밀어 올리기로 결심했다. 시지프스의 경우와는 정반대인, 그녀 스스로 원하여 바위를 올리는 일이었다.

"아저씨. 이 곳 휴게실에 들렀다 갑시다." 누군가 소리쳤다.

"그럴까요?" 운전기사는 휴게실에 차를 세웠다. 차내의 사람들이 거의 내렸다. 나는 움직이기가 싫어 그대로 앉아 있었다.

"안 내리시겠어요?" 일어서며 그녀가 말했다. 나는 고개만 끄덕였다. 휴게실의 넓은 광장은 온통 여인들의 울긋불긋한 옷차림으로 채워졌다. 여기저기서 부르는 소리, 웃음소리, 인솔자의 호루라기 소리로 소란스러웠다. 나와는 별개의 세상에 사는 사람들 같았다.

조금 뒤 용무를 마치고 돌아온 어느 연만한 여인이 "이젠 좀 괜찮으세요?" 하며 인사를 해 온다.

그녀는 건너편 좌석에 앉으며 "처음 일을 시작할 때는 대개 다 그래요. 저는 교육받기 전 이미 고아원이나 양로원, 시립병원 등에서 봉사활동을 했었지요. 그 경험이 지금 도움이 되는 것 같아요." 라고 말했다.

"그랬었군요."

나이가 차츰 들고부터는 죽음에 대해 생각하게 되었단다. 그래서 이번 교육을 받기로 했다는 것이다. 얼마 남지 않은 자신의 생을 생각해서라도 이러한 봉사는 필요할 것 같았다고……. 처음 일을 시작할 때는 자신도 없고 실망스러워 다시는 못할 것 같지만 또다시 나서게 된다는, 대충 그런 이야기를 그녀는 하고 있었다.

낙오자에 대한 위로의 말일까. 아니면 늦게라도 합류하게 된 이 방인을 이제야 한 동류로 인정한다는 것일까.

"같은 조로 일하시던 그분 대단한 것 같아요. 저는 오늘 많은 것을 깨달았어요."

"네." 아무 의미 없이 나는 그저 여인을 향해 대답하였다.

"시원한데 드세요. 자매님." 캔 주스 하나를 내게 내밀며 그녀가 말했다.

차는 휴게실을 출발했다. 지친 듯 조용하던 차안은 다시금 생기가 도는 것 같았다. 이렇게 가다가는 해질녘이 되어서야 도착하겠다며 걱정들을 하기 시작했다. 아이들이 돌아올 시간인데……. 서울이 가까워 오기 시작하자 차 속력은 다시금 떨어졌다. 톨게이트를 통과하고부터는 조금 나은 듯싶었는데 강변도로에 접어들자 차는 다시금 멈춰서 있었다.

황혼의 한강은 더욱 아름다웠다. 윈드서핑을 하는 젊은이들은 아직도 물위를 날아다니고 있었다. 저들은 무엇 때문에 저런 힘든 일을 하고 있는 것일까. 그들은 저마다 자신의 배를 움직여 윈드서핑 놀이를 하고 있었다. 돛폭의 모양이나 색깔, 그리고 폭의 넓이까지도 달라 보였다. 물위의 나비 떼들은 바람이 부는 대로 모두 같은 방향으로 날고 있지는 않았다.

바람의 방향과 힘의 세기를 조절하기 위해 조타수 하나가 돛대를 두 손으로 붙들고 몸을 활처럼 휘면서 균형을 잡아가고 있었다. 조금 후 그는 몸의 위치를 바꿔 한 손으로 돛대를 잡고 다른 한 팔을 벌려 돛폭을 감싸안듯이 붙들고 방향을 돌려 자신의 앞에 있는 배와의 충돌을 피하는 모습이 보였다. 분명 그들은 바람의 방향과 세기를 이용하여 자신이 원하는 길을 가고 있는 것이다. 바로 그 사실이 나의 생각을 붙들어 매었다.

"어어!" 하는 소리에 나는 상념에서 깨어났다. 두 개의 배가 그만 충돌하여 돛폭과 함께 모두 전복되면서 물 속으로 빠져 들어가고 있었다. 하나는 노란 색깔이 선명한 돛을 달았고 다른 하나는 퇴색한 돛을 달고 있었다. 차안의 많은 사람들이 숨을 죽이고 바라보고 있었다. 먼저 주황색의 구명조끼를 입은 젊은이가 배 위로 올라서서 물 속에 잠긴 노란 돛폭이 달린 돛대를 들어올리고 있었다. 조금 후 낡은 색의 돛대도 따라서 세워지는 것이 보였다. 마침내 그 둘 모두가 그들의 돛대로 제 균형을 잡고 있었다.

"자신의 돛대를 잡았군요." 하는 그녀의 얼굴은 저녁놀에 빨갛게 물들어 있었다.

나는 그녀의 손을 잡았다. 빨간 저녁 노을이 한강에 잠기고 있었다. 순간 나는, 마치 아침해가 떠오르는 것이나 아닌가 하는 착각을 일으키고 있었다.

<계간 『창조문학』 제29호('98, 봄)>